歴史家になる方法

昭和モダンの歴史家に学ぶ

安食　文雄

随想舎

はじめに

歴史家になるのに、国家試験はない。あまたの歴史家がいるが、だれ一人として国家が認定したわけではない。ただし、仮に、歴史家と非歴史家の間に明確な境界線があるとすれば、それは著作の有無であろう。学界に向けて、論文や評論や調査報告や随想を発表し、それらを集大成した一冊の専門的な学術書があれば、その人は間違いなく歴史家である。世間も、そのように見做すであろう。

百人の歴史家がいれば、百通りの歴史家になる方法がある。千人おれば千通りの方法がある。ところが、どうしたことか、一流の歴史家になればなるほど、一般受けするような、実践的なことを書くのをためらう傾向があるようだ。大学の講義の中には、「史学概論」といった難しそうな科目はあるが、「歴史家になる方法」というようなストレートな表現の科目はない。

我が国は、近代的な歴史学が発達した国である。歴史学に関する専門的な著作は、数え切れないほどある。歴史学に従事する研究者の数は、他の学問分野と比べて圧倒的に多い。だが、それにもかかわらず「歴史家になる方法」を具体的に示した本は、皆無である。

一方、歴史家ほど筆まめな人たちはいない。自分の学者人生を、一冊の伝記にまとめる努力を惜しまない。歴史学に関する研究余滴を綴る場合も多い。随筆を書くことだって、結構多いのだ。実は、そうしたジャンルの著作に目を通すと、歴史家になる実践的な事柄が、逸話の形をとって語られていることに気付く。そうなのである。歴史家は、自らが開拓してきた学問上の方法論を聞いて欲しいのである。よし、ならば、それらを集めてみよう。きっと面白い読み物になるはずだ。本書は、そうした見通しから生まれたものである。

京都市は学問の都である。国家の圧政に抗うレジスタンスの砦である。筆者は、この京都市で歴史学徒の歩みをはじめた。

この街は、歴史家の基礎力を磨くのにまたとない場である。日本の歴史が層をなしているから、どの時代にも無理なく入っていける。おまけに、歴史資料が豊富にある。京都大学を筆頭にして、個性的な大学が多数ある。古本屋もあちこちにある。こんな好条件がそろった都市は、そうあるものではない。歴史家を志す者は、京都市を目指すべきである。

筆者はこの街にある、仏教系総合大学の龍谷大学で青春時代を過ごした。実に幸せなことであった。まず文学部史学科（国史学専攻）で四年間（昭和五十年四月から同五十四年三月まで）、そして同大学院文学研究科修士課程（同専攻）で三年間（同五十四年四月から同五十七年三月まで）の、計七年間である。筆者はこの間、古都京都市にどっぷりと浸って過ごした。年齢で言えば、十八歳から二十五歳までである。

この七年間は、高度経済成長の終焉と、バブル経済到来のはざまに位置している。あえて表現するならば、「昭和後期モダニズム」と呼べるような時代の雰囲気があった。京都市内にはその文化が充満していて、筆者はゆったりと流れるモダンな時間の中で学問を楽しむことが出来たのである。

「昭和後期モダニズム」における、忘れてはならない成果は、歴史学において民衆史学が発展拡大して絶頂期を迎えたことである。お堅い自治体史の編纂刊行にも、民衆史学の影響が及んで斬新な歴史叙述が試みられた。出版社も、積極的に民衆史学の発想を取り込んで本を造った。歴史学における、革命的な現象である。筆者はこの史潮を全身に浴びて自身の歴史学を形成していったのであるが、同様の体験をした歴史家は沢山いたと思う。本書では、その民衆史学に関する分析を試みた一章を設けている。

この本は、歴史学を一生の仕事にしたいと思っている十代、二十代の若者に読んでもらいたいと念じて書いた。大学にポストを得ることに執着せず、在野で民衆の世界にしっかりと根をはって、歴史学の営みを続けていく覚悟のある挑戦的な若者に向けて書いた。
本書を執筆する過程で、先行研究者の学問成果を積極的に取り入れた。参考文献については本文中で、一つ一つ明記したが、紹介した他にも多くの文献に目を通している。また、左記の専門機関には、筆者が疑問に思ったことを、代わって調査していただいた。その惜しみない協力に感謝したい。

北海道立図書館
秋田県・大館市立中央図書館
福島県・会津若松市立会津図書館
茨城県・稲敷市立図書館
千葉県立中央図書館
国立国会図書館（東京本館、関西館）
東京都・町田市立自由民権資料館
新潟県立図書館
新潟市・會津八一記念館

県立長野図書館
金沢大学付属図書館
京都府立総合資料館
京都造形芸術大学・芸術文化情報センター
龍谷大学図書館（大宮）
大阪府立中之島図書館
大阪府立中央図書館
大阪市史料調査会（大阪市史編纂所）
大阪市都市工学情報センター（休刊『大阪人』管理）
広島県・呉市中央図書館
鳥取県倉吉市・鳥取短期大学・北東アジア文化総合研究所
山口県立山口図書館
北九州市立松本清張記念館

その他、茨城県立図書館、千葉市中央図書館、千葉県・成田市立中央図書館、成田山仏教図書館には、筆者自身が直接出向いて所蔵文献を利用させていただいた。これらの機関にも感謝申し上げたい。

ただし、これだけの専門機関の協力（これも学恩であろう）を受けながら、それを十分に活かし切れていない。積み残しのテーマが、あまりにも多いのだ。例えば、仏教史を専攻する筆者としては、第四部「民衆史学の旗の下に」で、社会民主主義の一つの流れである仏教社会主義の形成発展過程を論じたかったが、紙幅の関係から断念した。同じく第一部「歴史家の現場」で敗戦後における会津八一の学術文化活動を、第二部「歴史家講義」で安藤昌益と仏教の関係を取り上げたかったが、こちらも断念した。他日、別の形で発表することにしたい。

なお本文中、敬称は基本的に略した。本書をこのような形で出版するに際しては、随想舎の皆様には大変にお世話になった。心よりお礼申し上げたい。

平成二十七年十一月二十八日　茨城県稲敷市在住　著　者

目次

はじめに……1

〔第一部〕歴史家の現場

第一章　南木芳太郎と『上方』の歴史家たち……13
第二章　自由大学運動の土田杏村を追慕し顕彰する人々……35
第三章　学問の都のレジスタンス……53

〔第二部〕歴史家講義

第四章　歴史家になる方法……83
第五章　歴史家における独立と在野性……105
第六章　歴史家の蒐書と探書……119

〔第三部〕歴史学雑誌の世界
第七章　大学とその周辺の歴史学雑誌……143
第八章　地方史学の歴史学雑誌……170
第九章　異彩を放つ歴史学雑誌
　～松本清張が発行した『季刊　現代史』など～……198
〔第四部〕民衆史学の旗の下に
第十章　民衆史学百四十年の概観……217
第十一章　著作目録は学者の通信簿……238
終　章　反骨のアントレ歴史家をめざせ……245

還暦を迎えた著者の紹介……259

（注）各々の出版物の刊行年月は、それぞれの出版物の表記を尊重して、それを本書中に使っています。西暦の場合は西暦を、元号（和暦）の場合は元号をそのまま使っています。

〔第一部〕歴史家の現場

第一章　南木芳太郎と『上方』の歴史家たち

一　上方に新興歴史学の風が吹く

筆者は先年、『三田村鳶魚の時代』（鳥影社、二〇〇四年八月刊）を発表して、大正昭和前期における、モダン都市東京を舞台とした在野の歴史家たちの学芸活動を紹介した。登場したのは、三田村鳶魚、宮武外骨、森銑三、池田文痴庵、長谷川伸、吉野作造などである。東京帝国大学の教壇に立った吉野は、大正初年に民本主義を主唱した政治学者であるが、極めて在野性に富み、晩年には宮武らと明治文化研究会を組織して明治史における政治と思想と文化を研究した歴史家でもあった。誤解を恐れずに言えば、明治文化研究会は、日本における民本主義の萌芽と成長を論証する場ともなった。

拙著『三田村鳶魚の時代』は、幸いに知識人や文化人や読書家に好感をもって迎えられたようである。読者から直接に封書、はがき、電話で批評や励ましをいただいた他、文芸評論家の大村彦次郎氏が『時代小説盛衰史』（筑摩書房、二〇〇五年十一月刊）で、同じく文芸評論家の坪内祐三氏が『探訪記者　松崎天民』（筑摩書房、二〇一一年十二月刊）でそれぞれ取り上げて懇切丁寧に紹介された。有り難いことである。

ところで、筆者は本書を執筆する過程で、一つの見通しを持った。それは、京都市や大阪市など関西地方の大都市においても、大正期から昭和前期に、東京市と同様に在野の歴史家たちが盛んに学問活動をしていたのではないか、というものである。

この見通しは間違いなかった。いわゆる上方では、在野において、独特の新興歴史学の風が吹いていたのである。特に商都大阪市が際立っていた。当時、大阪市は首都東京市に勝るとも劣らない大都市として栄えていたのであり、勢いを感じさせる「大大阪」という呼び名さえ使われていた。この商都の飛躍的な発展は、江戸時代以来の町人学者の伝統を活気付けることになり、数多くの町人学者、市民歴史家が活躍したのである。本章で取り上げる南木芳太郎と、彼が主宰した歴史学雑誌『上方』に集まった歴史家たちは、まさにそうした新興歴史学の人びとであった。

二　南木芳太郎の歴史学

南木芳太郎《なんきよしたろう》が歴史家として活躍したのは、主に大正中期から昭和前期までの、約三十年間である。彼の専門は、江戸時代の中期から明治期までの上方文化史であるが、彼が興味と関心を持った領域は広くて、国文学、民俗学、大衆風俗誌、演劇、芸能まで貪欲に知識を吸収し、自身の歴史学研究に活かしたのである。

彼には向学心があり読書好きではあったが、生家が貧しくてほとんど学校で勉強らしい勉強をしていない。その代わり、町の古本屋が、南木の大学となった。彼に最終学歴を付けるとすれば、それは「古本屋大学文学部上方文化史学専攻卒業」となるであろう。南木は小さい頃から頻繁に古本屋をまわった。上方に関係した貴重書や珍書を蒐集するのが、主な目的であった。その熱のこもった蒐書は、自然と全国に知れ渡り、各地の古本屋から古書販売目録が郵送されてくるようになった。二十年、三十年と蒐書を継続していると、その蔵書は充実して、大学の国文学者などからも注目されるようになり、なかには彼に文献の借用を申し出る者も出てくるのであった。

本好きにとって本屋に勤めることは夢である。彼は上京して、それを実現させたこともある。

南木は、明治十五（一八八二）年一月十四日に大阪市に生まれて、昭和十九（一九四四）年十月二十一日に没している。六十三年と九ヶ月余の人生であった。講談社の『日本人名大辞典』（二〇〇一年十二月刊）によると、彼の生年月日は明治十五年一月八日となっているが、本書では同年一月十四日とした。大阪市史編纂所から出た大阪市史史料第七十四輯『南木芳太郎日記　二』（平成二十一年十二月刊）の昭和五年九月三十日の欄に「国政調査申告書」の控えとおぼしきものが転載されており、彼の生年月日は明治十五年一月十四日と記入されている。ここでは、この記載を尊重することにした。

南木は、四年制の大学で正式に歴史学を学んだ人ではない。全くの在野史家である。独力で『上方』を創刊したのが四十代の後半であり、それまでは大阪市内の薬種業「春元重助商店」に勤めていた。

南木の著述の全体像は不明である。そもそもが、そうした面の書誌的な研究がほとんどなされていない。彼は、主宰誌の『上方』を中心に、『大大阪』『道頓堀』『夕刊大阪新聞』など関西地方の雑誌や新聞に、相当の量の原稿を書いている。だが、それらを本にまとめることに熱心ではなかった。『上方』の経営に全力投球した結果、自著の出版にまわす資金がなくなったのかもしれない。彼がもしそうした努力をしておれば、大阪地方史に関する専門色の強い教養書が二、三冊生まれていたことであろう。

南木の歴史学にイデオロギーはない。現代日本における、社会主義の実現に奉仕する階級闘争史観はない。彼は、ファシズム国家を向こうにまわして抗う闘士ではなかった。そんな男だから、彼のまわりにはマルクス主義の歴史家は近寄ってこなかった。上方の伝統文化を愛する、どちらかと言えば保守派と自由主義の歴史家が大勢集まってきた。『上方』には国策に添う企画や論文や広告がないではない。が、狂乱の皇国史観も存在しない。

要するに南木は、趣味と研究のバランスをとった、風雅漂う実証主義歴史家であった。

三　南木芳太郎と三田村鳶魚

筆者が前掲『三田村鳶魚の時代』で取り上げた三田村鳶魚も、南木と同類の歴史家と判断していいだろう。首都東京の出版界を活躍の舞台にした鳶魚だが、南木の主宰した『上方』にも寄稿した。確認出来る限りで言えば、四度である。南木と鳶魚がいつ頃から交流を持つようになったのか不明である。恐らく、南木が封書かはがきを書いて鳶魚に原稿の執筆を依頼したのが始まりではないかと思う。南木はこうした手法で、しばしば東京市とその近郊に住む学者や文化人に、原稿の依頼をしていたようである。森銑三も『上方』に寄稿していた歴史家の一人であるが、森の場合にも郵便を使って執筆を依頼していたのであろう。元来、鳶魚は上方の文化にも強い関心を持っていた。幕末に起こった、あの大塩平八郎の乱についても、幸田成友の先行研究を参考にして、一風変わった論文「天満水滸伝」(『日本及日本人』大正四年八月十五日・九月一日号初出)を書いている。江戸学の祖と仰がれる鳶魚ではあるが、上方学についても一家言を有していたのだ。南木は、そうした鳶魚の幅広い知識に期待していたのかもしれない。

やや断定的な言い方をすれば、南木は歴史家として見た場合、鳶魚には勝てない。鳶魚は、江戸学の世界を積極的に開拓して、多くの学問業績を残した。戦後になって、中央公論社から『三田村鳶魚全集』全二十七巻別巻一巻の計二十八巻が刊行されている。これに対して、南木にはかかる学問の集大成がない。また今日、南木を上方学の祖と呼ぶ人もいない。

しかし、南木は上方学のオルガナイザー(組織者)として永く評価されることだろう。彼は、百名を越える歴史家を『上方』に登場させている。時代は、大阪モダンの華やかさが徐々に消えて、息苦しい統制社会に突入していく。そんな中、同誌を提供して、老壮青の個性豊かな歴史家たちに、思う存分、上方学、関西文化論を展開させた。大阪時代の歴史民俗学者・宮本常一も、若き経営史家・宮本又次も、その恩恵に浴した学徒であった。

四　『上方』が生まれた時代

　異色の雑誌『上方』が生まれた時代は、歴史学の勃興期であった。大正中期から昭和前期にかけて（一九一〇年代から三〇年代）は、大学と在野を問わず歴史学が栄えて多数の関連学会が誕生し、全国各地で特色のある歴史学の専門雑誌が創刊されている。これらの多くは歴史趣味の色彩が濃厚である。科学的で批判精神が確かであるというよりは、好事家が歴史を楽しんで研究しているという傾向が強い。

　南木が主宰した『上方』にも、当然、そうした特色が見られる。ただし、それのみかと言えば決してそうではない。大学に所属する歴史家の寄稿も少なからずあったので、単純に好事家の趣味雑誌と断定することは避けなければならない。南木らが活躍した、この二十年間ないし二十五年間の時代を何と呼ぶべきか、迷うのだが、仮に「科学と趣味のモダン歴史学」勃興期と名付けても、無理はないだろう。

　モダニズムは、近代天皇制の国家主義とも、マルクス主義とも根本的に違う精神である。主に大都市の市民層に支持された生き方である。後述するように、南木の生き方はまさしくモダニストそのものであった。大大阪の都市文化を享受して、学問と芸術を愛した。経済的に豊かな生活が心のゆとりをもたらして、彼の交友関係にも潤いと彩りを与えた。貧しかったら、道楽とも受け取られかねない町人学者の生活など不可能なのだ。彼のように、ゆとりのある生活を土台にして、歴史趣味に没頭する在野の町人学者、市民歴史家は、大阪市内や関西地方には存外多かった。そうした人たちが、南木の事業に協力して、上方文化の発掘と保存に努めたのである。

五　上方趣味の宣揚を目的にして

南木が上方郷土研究会を組織して歴史学雑誌『上方』を創刊したのは、昭和六（一九三一）年一月一日であった。その創刊号に掲載された「発刊に際して」の後半部分には、次のような記述がある。

大成した大阪には明日の文化を物語る機関はあり過ぎます、今日に至った過去の文化、所謂上方文化に寄与した諸相の研究は未だゝ、盡されて居りません。

歴史は繰返します、流行は還元します、温故知新といふ言葉もあります、そこで上方のもつ特色！誇りである文学、美術、風俗、行事、演芸、地蹟、信仰、伝説、娯楽、俚謡の等々、あらゆる上方趣味の宣揚を目的とする郷土研究を各方面の権威ある研究家、篤学者に依嘱して毎号得意の執筆を願ふて、上方文化の小縮図を漸次展開し、記録に留め置き、後学の参考の質に供したいと思ひます。

彼は、これに続く箇所で、大阪には過去『上方』と同程度の質の高い研究雑誌が一つくらいあってもよかったのに、それが見当たらない、と歎いている。

なるほど、確かにそうなのである。しかし雑誌は、まして専門的な研究雑誌は、あらゆる条件が揃っていないと長続きはしない。

主宰者ないし発行人の人徳や人柄、資金力、企画力、広告を集めるためのスポンサー企業との交渉術、執筆力のある書き手の確保、有力な地元名士の協力、雑務を担当してくれる家族の協力、印刷所との信頼関係、固定読者・有料読者の確保、誌代の回収など、数え上げたら切がない。南木はこうした要素を、ほぼ総て持っていたと言えよう。

だが、軍国主義の時代情況が、彼に順風満帆の雑誌経営を許してくれなかった。『上方』は昭和十九年四月に終刊した。終刊までの、全百五十一号の発行は、立派の一言に尽きる。もちろん戦争がなかったならば、同誌はもっと違った展開をして、彼の後も、しっかりとした後継者が現れて誌歴を重ねたことであろう。

六　『上方』に集まった歴史家たち

ここで、『上方』に集まった歴史家たちを紹介してみたい。とにかく、執筆陣は多士済々だ。まず、南木と長年の付き合いがあった歴史家から紹介してみたい。

寄稿数が多かった歴史家に、魚澄惣五郎がいる。魚澄は大阪女子専門学校の教授で、当時、全国的に名の知られた人物であった。大阪地方史に関する、数多くの著作や論文があった。日本仏教史にも造詣が深くて、京都市の龍谷大学で教鞭をとっていた時期も長かった。代表作に『古社寺の研究』(星野書店、昭和六年六月刊)がある。同著は、戦後に国書刊行会から、復刻して出版されている。魚澄はその後、広島文理科大学(現 広島大学)で教えた。

龍谷大学の禿氏《とくし》祐祥《ゆうしょう》も、南木と親交を結び、同誌にしばしば寄稿した。禿氏は、仏教文化史に特色を持つ龍谷史学の、土台を築いた学者であり、仏教史、真宗史、印刷史、書誌学など幅広い分野で業績を残した。魚澄にしろ禿氏にしろ、全集や著作集が編纂されて当然の歴史家であったが、残念ながらそうした事業は今日に至るも、なされていない。

飯塚友一郎も、『上方』に登場する歴史家である。飯塚は演劇史、特に民衆演劇の分野で異色の労作を発表した人物である。彼は、民衆演劇研究の立場から、同誌の編集に対してかなり厳しい注文を付けている。昭和六年九月に発行された『上方』第一巻第九号に、彼は「上方研究の目安書」を寄せている。そこで「好事趣味にのみ偏することなく、予め確乎たる研究の目安と組織を立て進まれ、学界に貢献されんことを祈って止まない」と書いている。上方郷土研究会に集まった歴史家たちに、好事趣味に偏することなく、学問の本道を歩んでもらいたいと、注文を付けているのだ。

飯塚の持論は、演劇史、芸能史の独立である。文学、歴史学、地理学、民俗学、心理学、社会学、経済学など諸科学の研究成果を貪欲に吸収しつつ、それらから完全に独立した科学として、演劇史、芸能史は存在すべきである、というのだ。そして、『上方』は上方の廃れ行く貴重な文化現象を記録することを使命として欲しい、と訴える。こうした飯塚の意見に、南木も異論はなかったと思われる。事実、同誌には、古今の文化現象が詳細に記述されている。昭和前期の関西モダニズムも、記録の対象であった。

風俗史研究の江馬務も、『上方』を語る場合に忘れてはならない歴史家である。江馬と南木の交流も親密であり、南木は江馬が設立した風俗研究会の大阪支部の主要なメンバーであった。その大阪支部では、しばしば市内で研究発表会や様々な行事を開催していた。江馬がお化けの研究家として有名だったこともあって、夏の催しとして、寺院でお化けの会が開かれたことがあった。江馬は、在野で旺盛な研究活動を展開した。戦後には、京都女子大学の教壇に立っている。著作や論文も多く、その業績は全十二巻・別巻一巻の著作集（中央公論社）にまとめられている。

その他、大阪府や徳島県の地方史を研究していた歴史家で、染織史の大家でもあった後藤捷一《しょういち》、夕刊大阪新聞のジャーナリストの福良竹亭、商業史学の佐古慶三らも『上方』の歴史家としてははずせない面々である。

前述の通り、歴史民俗学者で、民衆史学や社会史学の視点を有していた宮本常一も、『上方』と縁が深かった。宮本にとって、大阪府は第二の故郷であった。彼自身がそう書いている。生まれたのは山口県の周防大島（屋代島）だが、十代で大阪府に出てきて学校に通い、働き、結婚もしている。その時、南木と出会っている。

宮本は大正十二年から昭和十四年まで大阪府にいて、それから上京し、五年間東京市にいた。そして、昭和十九年に大阪府に戻ってきて、この地で働き始める。敗戦も、この地で迎えている。宮本は上京する昭和十四年までの間、南木の求めに応じて、頻繁に『上方』に原稿を書いている。

大阪府立中之島図書館で確認していただいた所、宮本は同誌に都合十七編の探訪報告を寄稿している。この探訪記者時代は、いわば宮本学の原型が構築される時期であり、その意味からも『上方』はもっと重要視されて然るべきである。

七　南木芳太郎と『上方』の研究史

ここで南木芳太郎と『上方』に関する研究史をまとめておこう。これまで、当該テーマに関するきちんとした研究史の整理は行なわれてこなかった。筆者の整理も、完璧なものではない。その点を断っておきたい。

①谷沢永一編『なにわ町人学者伝』（潮出版社、昭和五十八年五月刊）に、谷沢・筒井之隆「南木芳太郎」がある。

②大阪市史編纂所が発行する研究紀要『大阪の歴史』の、以下の号に関連する論文やコラムが掲載されている。

・第五十九号（二〇〇二年五月刊）古川武志「郷土雑誌『上方』」「みおつくし」欄

・第六十四号（二〇〇四年八月刊）細江　光「南木芳太郎と谷崎潤一郎　―山村舞を中心に―」

・第七十四号（二〇一〇年一月刊）　古川武志「南木芳太郎日記鶏肋（大正三年、大正七年、大正十年）」

③大阪市史編纂所が発行する大阪市史史料第七十四輯『南木芳太郎日記一』（平成二十一年十二月刊）の解題、肥田晧三「南木芳太郎氏の前半生」

④同史料第七十七輯『南木芳太郎日記二』（平成二十三年十二月刊）の解題、肥田晧三「『上方』最初の六年間」

⑤同史料第八十輯『南木芳太郎日記三』（平成二十六年八月刊）の解題、南木ドナルドヨシロウ「南木芳太郎の蔵書印」

なお同日記史料本の表紙副題には、「大阪郷土研究の先覚者（パイオニア）」と付されている。大阪市史編纂所が南木に対して有している、史学史上の理解を素直に表明したものと言えよう。

今日において最もまとまった南木研究を発表しているのは、古川武志氏であろう。古川氏は、今は休刊状態にある『大阪人』（大阪都市協会）の、二〇〇四（平成十六）年発行分に「近代大阪の人物誌　南木芳太郎とその周辺―『上方』に生きた最後の趣味人たち」を六回にわたって連載している（第五十八巻第七号〜同巻第十二号）。南木のもとに集まった個性的な趣味人たちを生き生きと描写している。論文らしからぬ温もりがいい。古川氏の人柄だろうか。

八　『上方趣味』を発行した渡辺亮

大阪府や関西地方には、歴史学雑誌や郷土雑誌の発行に生涯をかけた人物が少なくなかった。南木のなした事業を過小評価するわけではないが、冷静に大阪出版文化史を眺めてみると、南木に先行する開拓者がいないわけではない。その中の一人が、『上方趣味』を発行した渡辺亮である。

筆者はその『上方趣味』を一冊だけ所有している。その号は「大正五年　新春の巻」（大正五年一月号）である。同誌は和綴じである。今で言えば、新書の大きさである。内容は論文や評論というよりは、随筆風である。雑誌のタイトルが示す通り、趣味雑誌の一種なのだ。

この『上方趣味』は、南木が主宰した『上方』の、いわば前史的な位置にあるものなのである。つまり『上方』において歴史科学性が徐々に強くなって、趣味と科学の両面がバランスよく併存するようになったのであり、当時にあって、『上方』は地方史学の研究雑誌として一応の完成を見た、と評価してもいいのではないか。

南木は、渡辺と付き合いがあったようである。前掲『南木芳太郎日記二』の、昭和五（一九三〇）年八月一日の箇所には、渡辺から『上方趣味』二冊の贈呈を受けたと書いている。『上方趣味』は大正四年四月の創刊であり、昭和十七年一月の終刊である。二十七年続いたわけである。基本的に隔月の発行だったようである。

九　特集主義で読者を魅了する編集方針

南木が『上方』を創刊したのは、五十歳を目前にした、まさに男として最も力の出る働き盛りの年齢であった。勤め先が倒産したのが、起業の直接の原因であった。だが研究会を設立して歴史学雑誌を発行するとは言っても、儲かる事業ではない。専門家や好事家や趣味人を相手にした、地味な小規模経営である。その雑誌発行という不安定な仕事を敢えて選択して、後半人生を切り開いていこうというのは、度胸と才覚がないとやれないものだ。むろん家族の全面的な協力がないと続かないし、特に妻の支えは不可欠である。その難事業を、南木はやり遂げたのだから、実に立派である。

南木が発行した『上方』全十一巻百五十一冊は、戦後になって完全復刻して出版されている。それは、昭和四十年代のことである。こちらの復刻出版も、高い志がないとやれるものではない。『上方』が持つ文化的、学問的な価値が、出版人の心をつき動かしたのだろう。手掛けたのは、新和出版（大阪市浪速区）である。

南木の発案からなのであろうか、『上方』は毎号のように特集を組んだ。それぞれの方面で最適の書き手を採用して、縦横無尽の史論を展開せしめた。

例えば、昭和六年三月発行の第一巻第三号は「天王寺研究号」である。古刹天王寺に関するあらゆる事柄を盛り込んでいる。天王寺の「縁起と歴史」「文学と美術」「建築と仏像」「信仰と伝説」「小説と日記」「名物と娯楽」など、多面的に分析している。また同年十一月発行の同巻第十一号は「大阪城研究号」であり、こちらも読み応え十分の内容となっている。

若い頃に、同誌を読んでいた歴史家や学者や文化人は多い。今も上方文化に関して、何か分からないことがあると、同誌を手に取る人は多いはずだ。『上方』は「大阪の歴史百科事典」の地位を失っていないのである。

十　明治文化が生きていた上方

南木は昭和八年一月発行の第二十五号、同年二月発行の第二十六号で、相次いで「大阪明治文化」を大特集した。これらは明らかに、関東大震災の文明破壊を契機にして、吉野作造や宮武外骨らが始めた明治文化研究会の活動に刺激を受けたものであろう。

帝都東京においては、大震災によって江戸情緒や明治文化が消滅していったのに対して、商都大阪や関西地方では古い文化が維持されていた。明治期に形成された近代文明も大正昭和前期のそれと併存して、まだ生きていたのである。だから南木が、第二十五号の編集後記で「明治文化といへば非常に範囲が拡いのでまだまだ手をつける方面も多々ありますが、実は適当の筆者を得ない為に或る部分は閑却した傾になってゐます」と記しているのも頷ける。上方には広範なエリアで、明治文化が存在していた。それらは適当な書き手がおれば、文章化することが可能なのであった。

十一　大阪モダンを満喫した南木芳太郎

大阪市は当時、東洋のマンチェスターと呼ばれていた。

この呼び名は、大阪市の実力を表現している。マンチェスターはイングランド（イギリス）の大工業都市であり、自由主義経済の拠点として発展した。大阪市も全く同じである。天下の台所として、商業が発展してきたことはもちろんだが、それに加えて工業もその他の面も飛躍的に伸びて、「大大阪」の名に相応しい実力を備えたのである。まさしくモダン都市大阪の誕生であった。

こんな時代の最先端を行く大都会だからこそ、南木の『上方』は成功をおさめたと言えよう。雑誌の経営には、核となる固定読者がしっかりと確保されて、しかも広告を出してくれる企業が少なからず存在することが大事である。むろん雑誌創刊の趣旨に共感した企業経営者が、直接、資金を提供してくれるならば申し分ない。『上方』に掲載された企業広告を見ると、大手百貨店や江崎グリコなど有名企業のものが目立つ。この地方史学の雑誌が、関西地方の経済界から強く支持されていたことが分かる。

南木の日記を読むと、彼が大阪文化を愛していたことがはっきりと分かる。

とにかく、南木はよく動く。昭和五年七月三日の夕方、夕刊大阪新聞社の主催で、大阪市内堺筋にあった百貨店「高島屋」でメロンの試食会が開かれた。いろいろな果物が当たり前のように手に入る今では、考えられない催しである。メロンは当時、大変に貴重な果物であったのだ。この試食会には、大阪府知事や大阪市長も出席している。各界の名士も多数参加した。総数は五十名であった。南木も当然、出席している。

この試食会で出されたメロンは国産品であり、中京地区で栽培されたものである。船来のメロンと比較しても、十分に勝負になるほど品質が向上していたとのことで、南木は次の一句を日記に書き残している。

舌触りとけて香りも高島屋

百貨店は、モダニズムの象徴的な存在であった。メロンの試食会ばかりではない。同年九月十一日には、百貨店「三越」で西本願寺の歌人・九条武子の写真展が開かれた。南木は同百貨店で昼食をとった後、熱心に写真展を参観している。

さらに百貨店では、しばしば販売のための古書展が開かれるようになった。この百貨店とタイアップした古書展は東京市やその他の大都市でも開催されるようになった。モダニズムは古書ブームでもあったのだ。愛書家であり蒐書家でもあった南木も、当然のこと足繁く古書展に通った。

彼の百貨店との付き合いは、単に客と店の関係以上のものがあり、百貨店の様々な催し物の相談に快く応じたり、郷土資料や珍書を貸与したりした。それが広告の出稿につながったのは言うまでもない。『上方』には百貨店の一頁全面広告が実に多いが、それはそうした日頃の親密な関係の反映であった。

彼の豊富な知識も頼りにされた。分からないことがあると、彼の所に聞きにきた。頼りにしたのは、百貨店ばかりではなかった。地元のラジオ放送局や新聞社も、頻繁にやってきた。ラジオ番組に出演することも多く、その準備のために下調べすることがあった。

彼はいわば「大阪の知恵袋」であった。

交友関係の広さは、郵便物の量となって現れた。彼の家には毎日のように、郵便物が配達されてきた。その中には百貨店の小雑誌もあったし、趣味人が作る新聞や雑誌や冊子の類もあった。南木日記には、そうしたことまで詳しく書き込まれていた。今となっては、大変に貴重なサブカルチャー情報と言えるだろう。

南木の活動は、『上方』の編集と発行だけではなかった。活躍の場を東京市に移した、宮武外骨が帰阪した際には、慰労の宴を設けてみたり、関西文壇の重鎮であった宇田川文海の追悼法要を執り行なったりと、とにかく地元文化の興隆のために、献身的な努力を惜しまなかった。

さらに、大阪地方史誌の貴重な古書や珍書を収録した『浪速叢書』や、江戸時代のエログロナンセンス文芸を集めた『洒落本大系』の編纂刊行に積極的に加わったことも、忘れてはならないだろう。

以上、南木芳太郎の生涯と業績を多角的に見てきた。後半人生に、これだけの仕事をなしたのだから、当然、人名辞典のいずれにも掲載されているはずだと思ったら、そうではなかった。もちろん、掲載している辞典は多い。だが、肝心の歴史学界の学者辞典に、その名がない。日本歴史学会編『日本史研究者辞典』(吉川弘文館、平成十一年六月刊)に南木の項目がないのは、どうしたことだろう。ちなみに、彼と交流のあった龍谷大学の歴史家・禿氏祐祥の名もない。戦前戦後の歴史学界で、禿氏の存在は知れわたっていた。その彼の紹介が一行もないというのは、これまたどうしたことだろうか。

南木にしろ禿氏にしろ、あるいは『上方』に集まった多くの歴史家にしろ、彼らは『日本史研究者辞典』のような、専門の歴史家辞典には掲載されて当然の人たちである。

第二章　自由大学運動の土田杏村を追慕し顕彰する人々

一　土田杏村にほれ込んだ上木敏郎

歴史家の中には、果敢に時代と格闘した偉大な思想家の生涯を丹念に掘り起こして、いつまでも色あせない、その思想の特質を浮かび上がらせて、我々が学ぶべき教訓といったものを導き出そうとする人がいる。土田杏村（一八九一〜一九三四）と彼が主導した自由大学運動を追究した上木敏郎《かみきとしろう》は、そんな一人である。

土田杏村は、書斎に籠もった孤高の哲人のイメージが強いが、実際は極めて活動的であり、多くの顔を持っていた。すなわち文明批評家であり、思想家であり、教育者であり、国文学者であり、歴史家であり、社会運動家であった。

彼が活躍したのは、大正昭和初期である。その生涯は四十三年と短いが、なした仕事は大きくて、残した知的遺産は光り輝いている。特に今日、彼の名前を不朽ならしめているのは自由大学運動であろう。

上木はこんな桁外れの偉才にほれ込んで、彼の発掘作業を開始したのである。

上木には、『土田杏村と自由大学運動　教育者としての生涯と業績』（誠文堂新光社、一九八二年七月刊）という著書がある。彼の代表作と言っていいだろう。同著の「はしがき」および著者紹介文によれば、上木は大正十一（一九二二）年の生まれ。太平洋戦争に、「一兵卒」として従軍し、敗戦後に学窓に戻り、昭和二十三年に東京商科大学（現在の一橋大学）を卒業し、その後東京大学文学部史学科に入って同二十七年に卒業している。この『土田杏村と自由大学運動　教育者としての生涯と業績』を発表した時は、東京造形大学の教員を務めていた。

彼は十代の青春時代に、杏村の純愛を綴った『妻に与えた土田杏村の手紙』（第一書房）を熟読した。昭和十六年十二月に出版された本である。杏村没後まもなく、彼の全十五巻の全集が恒藤恭らによって第一書房から刊行されているが、こちら『妻に与えた土田杏村の手紙』は同社創業者の長谷川巳之吉《はせがわみのきち》が編纂したものである。この本は、京大時代の杏村が、後に妻となる波多野千代子に送った手紙をまとめたものである。

上木は「はしがき」の冒頭で、杏村の遺著『妻に与えた土田杏村の手紙』との出会いを、次のように描写している。

私と土田杏村との出会いは、遠い少年の日、一夜、日頃兄事していた国谷純一郎氏（現在明治大学教授）から借りて読んだ一冊の本、『妻に与えた土田杏村の手紙』（昭和一六年、第一書房刊）においてであった。そこには大学生時代の杏村の真摯でひたむきな学究生活と、純粋で熱烈な恋愛との見事な調和があり、私はそこに私自身の人生の道標を見つけたという大きな感動を覚えた。以来、私は折にふれて杏村の著書に親しむようになった。

少年の日とあるが、それは十代後半のことであろう。引用箇所に続いて『妻に与えた土田杏村の手紙』を手にしたのは、杏村没後十年と経っていなかったとも書いているので、この遺著との出会いは昭和十七、八年のことではなかったか。杏村が亡くなったのは、昭和九年四月二十五日であった。遺著の出版が前述の通り昭和十六年十二月であったから、没後八、九年が経過していることになり、だいたい上木の記述と符合する。それにしても、人生の道標を見つけたとは、尋常ではない。それだけ衝撃的な出会いだった、と言うことであろう。

二　土田杏村のこと

さて、ここで杏村のことに触れておこう。参考にしたのは、上木が著した前掲『土田杏村と自由大学運動　教育者としての生涯と業績』である。杏村の本名は茂《つとむ》と言った。明治二十四（一八九一）年一月十五日に、新潟県佐渡郡新穂村大字井内《いない》に生まれた。父は千代吉、母はクラである。杏村は四男である。新穂尋常小学校、新穂高等小学校、同補習科を経て、明治四十年四月に新潟師範学校に入学し、校内に設立された博物学会や求道会（宗教研究団体）や「ウシホ会」（短歌研究団体）に入会している。明治四十四年三月、開校以来抜群の成績で新潟師範学校を卒業し、四月に東京高等師範学校予科に入学している。翌年、本科博物学部に進学し、田中王堂に深く傾倒した。

杏村は大正四（一九一五）年四月、東京高師の研究科に進むが、同年九月には京都市に住まいを移して、京都帝国大学文科大学哲学科に入学する。この年の十二月に、評論集『文壇への公開状』を出版する。

大正五（一九一六）年五月、女流歌人の波多野千代子との文通が始まる。その千代子との結婚は大正六（一九一七）年十一月である。翌年七月に、京都帝国大学を卒業する。

大正九（一九二〇）年一月に、彼は個人雑誌『文化』を創刊する。この年の九月には、信州神川村での哲学講習会に出講している。なお、『文化』の終刊は大正十四年五月である。自由大学運動が始動するのは、大正十（一九二一）年である。杏村三十歳の時である。同年二月に、第二回哲学講習会に出講し、六月には「信濃自由大学趣意書」を執筆している。八月には、自由大学の設立について地元のリーダーである猪坂直一らと相談している。

三　自由大学運動のこと

信州における自由大学運動について、その猪坂直一の証言が残っている。それを次に紹介しておこう。『土田杏村全集』第八巻（第一書房、昭和十年九月刊）の月報「紫野より」第八号に、猪坂は「土田さんと自由大学」を書いている。その中で、往時を以下のように回想している。

土田さんは大正八年頃から上田地方の青年及び教員等の招聘によって哲学の講演に二三回来られたが、宿舎での雑談の際、氏は当時文部省が肝入りでやってゐた成人教育なるものの愚を指摘し、もっと系統的且つ組織的な民衆教育機関の必要と其の可能性を熱心に説かれた。僕等は異常な感激を以てこれを聞き、そして同志を語らってこれが実現を企てた、信濃自由大学（後に上田自由大学と改む）は斯うして生れたのである。

杏村の自由大学運動の理念は、このように明確であった。自由大学運動は、当時、文部省が音頭をとって推進していた成人教育とは一線を画した、独創的な内容を持っていた。そもそも自由大学は、系統的で組織的な民衆教育の場であるべきだ、と杏村は考えていた。事実、この在野の大学では文化科学の系統的なカリキュラムが用意された。具体的には哲学概論、哲学史、社会学、法律学、政治学、宗教学、文学など、おおよそ十二科目である。各講座の講義は、毎日、たいてい夜間に、三時間から四時間行なわれた。それが最長で一週間続くのである。

そして、この一週間単位の講義が、毎月一回開講された。受講資格は、一切なかった。老若男女、誰でも受け入れた。講座の経費は、受講者が提供する資金で賄われた。講師陣の選択と依頼は、杏村に任された。ただしこの自由大学が各地に設置されるようになると、講師陣の一人である高倉輝が、杏村と共に、その選定の仕事を受け持つようになった。

自由大学の講師陣を見てみよう。講師は、自由大学の数が増えるにつれて、当然のことながら増加した。そのうち自由大学の起点になった信濃自由大学を例にとって、第一期の講義内容を紹介したい。参考にしたのは、上木が主宰した雑誌『土田杏村とその時代』第七・八合併号「特集　自由大学運動」(一九六八年三月刊)である。

○信濃自由大学(上田自由大学)第一期講義内容(大正十年十一月より同十一年四月まで)

第一回(大正十年十一月)
　法律哲学　恒藤　恭　七日間　聴講者　五十六名
第二回(大正十年十二月)
　文学論　高倉　輝　六日間　同　六十八名
第三回(大正十一年一月)
　哲学史　出　隆　七日間　同　三十八名
第四回(大正十一年二月)
　哲学概論　土田杏村　四日間　同　五十八名
第五回(大正十一年三月)
　倫理学　世良壽男　二日間　同　三十五名
第六回(大正十一年四月)

心理学　大脇義一　五日間　同　三十一名

この他、講師には次の面々がいた。

哲学概論　山内得立、佐竹哲雄
経済学　山口正太郎
社会学　新明正道、波多野鼎
政治学　今中次麿
宗教学　佐野勝也、金子大栄
文　学　谷川徹三

また、性科学者の山本宣治、哲学者の三木清、在野のエコノミストである高橋亀吉などが出講した。この中には入っていないが、杏村は民本主義の政治学者・吉野作造にも講師を依頼した。吉野も出講には異論はなかったが、実現はしなかった。もし吉野が自由大学運動に加わっていたならば、この新興の革新的な教育運動は、また違った評価をされたことであろう。もちろん、吉野の歴史的な評価も変わってきたであろう。大正デモクラシーの思想的な指導者、明治文化研究会の創設者といった位置付けに、自由大学運動の共鳴者という新たな項目が加わったことであろう。

四　杏村の学問観

猪坂が寄稿した同号の月報に、大西伍一が「先生からの手紙」を書いている。大西は大衆に向けて、通俗的な読み物を書く文筆家であった。その通俗性を、ある学者からたしなめられたことがあった。そのことが納得出来なくて、杏村に手紙を書いた。杏村の返事には「通俗的の書物をかくことは、我々にとってはあまりにも当然のことでせう。私などむしろ通俗的のものにこそ本当の生命があると思ってゐます」と記し、さらに「学界などというふ特別の社会をも、私は特に認めて居りません」と加えた。彼は通俗性の大切さを力説すると共に、学問を特別視して権威化することの愚かさを、はっきりと指摘しているのだ。杏村の学問観が明確に示された、きわめて重要な返信と言えるだろう。

自由大学運動は、こうした杏村の学問観に支えられていたのである。

杏村は、同じ返信の中で、学問と生活の関係についても含蓄に富んだ文章を綴っている。すなわち、学問と生活は切れ切れになってはいけないとし、学問の上に生活をにじみ出させると共に、生活の上に学問をにじみ出させないといけないと主張する。

彼の反アカデミズムの思想は、こうした所から発せられていたのである。大学は、学問は、大衆の生活のすぐ近くにあるべきであって、権威化して大衆から遊離してしまってはいけないのだ。近代日本の在野学における、貴重な思想上の到達点が、ここに表現されていると言えるだろう。

五　自由大学運動に関わることで人生が大きく転回した高倉輝

上木は、前掲『土田杏村と自由大学運動』の中で、講師陣の一人である出隆の回想を紹介している。それによると、杏村は京都帝国大学の哲学科出身とは思えない雰囲気を持っており、まるで〝東京の町中の野人〟だった、という。

考えてみれば、野人のイメージは杏村固有のものではなく、自由大学運動に集まってきた学者や知識人たちに共通して見られた特徴ではなかっただろうか。むろん彼らの若さがそういう印象を与えたとも考えられる。講師陣は新進気鋭の、伸び盛りの若手ばかりであった。

高倉輝（別名として高倉テル、タカクラ・テル）は、その代表的な人物であった。

前述の通り、上木が主宰した雑誌『土田杏村とその時代』の第七・八合併号は「自由大学運動」を特集している。この号には、自由大学運動に参加した人たちが「思い出」を寄稿している。その中に高倉がいた。彼は「自由大学の思いで」と題して、次のように当時を振り返っている。

わたしは、一九一七年（大正六年）に、京都大学を卒業して、嘱託になり、一九二二年（大正十一年）にやめた。指導教授は、このあいだなくなられた、言語学の新村出さんで、わたしはもっぱらロシア語とロシア文学を勉強していた。

このとき、わたしの生涯の方針を根本的にかえる、大きな事件がおきた。一つは、わたしが大学をでたときおきた、ロシア革命、もう一つは、河上肇さんに近ずいたことだ。この二つは、一つになって、わたしの思想を底からゆりうごかした。わたしがじっさいにマルクス主義の思想で革命運動に参加するようになるには、それから十年あまりもかかったが、そのために、自由大学の運動に参加したことがいちばんやくにたった。わたしは、自由大学の会員に、文学を中心に、少しは教えもしたが、じっさいは、それらの会員から教わったほうがはるかに多かった。

文中に「嘱託になり」とあるが、京大の講師を務めていたのである。彼は講師を辞めた後、戯曲を雑誌『改造』に発表して好評を博するなど、一時は中央の文壇マスコミに活躍の場を求めようとしたが、それが果たせず、長野県の自由大学運動に参加するようになったのである。しかしこれが彼の人生にとって良かった。自由大学運動に関わることで、高倉の人生は大きく転回して思想的にも実っていったのである。

この辺のことを、魚津郁夫は、より詳しく書いている。「ある大衆運動家―タカクラ・テル」（共同研究『転向』上巻所収、思想の科学研究会編、平凡社、昭和三十四年二月重版刊）の中で魚津は、高倉が自由大学運動の世話役と講師になることで、長野県内の農民たちと深く交わることになり、書斎の文筆家から野性味あふれた農民運動家に変貌していくプロセスを詳しく紹介している。

高倉が自由大学運動に参加したのは、実に十年間であった。この長さは、評価されていい。ともすれば杏村が自由大学運動の代名詞のように言われるが、正確には杏村と高倉の二人がリードしていたのである。その二人は京大時代以来の親友であり、高倉を自由大学運動に引っ張ってきたのは杏村であった。また看板講師の一人であった山本宣治も、この二人と近しい関係にあった。

六　民衆大学運営の舞台裏

さて高倉の「自由大学の思いで」の中から、もう一箇所引用しておこう。具体的な大学の運営が、よく分かる部分である。

（上田自由大学の）会場は、上田市の神職合議所という、神官の事務所で、四方のかべには、ヤオヨロズの神さまの大きな木のふだがかゝっていた。わたしは、そのなかで、無神論の話をした。

よれよれのたたみに、お寺からかりてきた腰かけをならべて、それを机のかわりにした。

会員は、多い講座で百人あまり、少ないのは二、三十人、講義は、一講座、毎日四時間（午後六時―十時）、五日間だった。

会員は、どれでもすきな講座をえらべることにして、一講座三円だった。会費だけでは、運営が困難なので、わたしたちは、まわりの農村の青年団その他に講演にいって、その講演料を自由大学の運営にあてた。

わたしは、一九二四年（大正十三年）、京都をさって、上田のそばの別所村へうつった。いま平和運動でかつやくしていられる半田孝海さんのお寺の常楽寺のはなれをかりて住んだ。そして、もっぱら自由大学の運営の相談にあたった。

わたしは、だんだん、まわりの農村へはいりこみ、農民とむすびついた。自由大学の会員からまなんだものとちがう、あるいは、それよりずっと重要なものを、それらの農民から、まなんだ。

かくして高倉は土着の社会運動家となった。当時、長野県下では、激しい小作争議や税金闘争が巻き起こっており、それらに起因した人間関係のもつれや相互不信が生まれていた。また極端な繊維不況から、製糸工女の賃金不払いが起こり、それが激しい労働争議に発展していた。高倉は当然のことながら、労働者、大衆の側に立って、彼ら彼女らの生存と人権確立のために闘った。彼はこの一文を、「こうして、わたしは、しだいにふかく労働者や農民とむすびつき、一生のいちばんだいじな教育を、その人たちから、うけた。そのきっかけは、すべて、自由大学だった」と結んでいる。一生で一番大事な教育は京大にではなく、在野の大衆生活の中にあったのだ。それを気づかせてくれた自由大学に、彼は感謝していたのである。

七　歴史学の講座が見当たらないのは何故か

自由大学の講座は数多いが、どういう訳か、歴史学のそれが見当たらない。自由大学は文化科学の系統的かつ組織的な統合を目指していたはずなのだが、本来盛り込まれるべき日本史や世界史などの歴史学の講座が存在しない。むろん哲学史のように哲学の一部門としての特殊専門史は組まれている。だが、それだけでは体系的に歴史学を講義したことにはならない。

何故そうなったのか、その問題をここで考えてみたい。杏村や高倉ら、自由大学運動を指導した側に、大正昭和前期の歴史学に対して、一種の拒絶感があったのではないか。それが原因で、伝統的な実証主義の歴史学にも、当時流行していた好事家の趣味的な歴史談義にも、官が推奨した郷土史誌の編纂事業にも与し得なかったのであろう。

八　軽井沢夏期大学のこと

自由大学運動の対抗馬となったのが、官が関与して推進された、成人教育機関の夏期（季）大学である。長野県はそのメッカであり、大正六年には木崎夏季大学が、同七年には軽井沢夏期大学がスタートしている。この二つの大学は、地方自治体や国家の影響力が強くて、財政的にも安定していたことから、戦後以降も継続した。この点は、短命に終わった自由大学運動とはかなり性格を異にした。

軽井沢夏期大学は、通俗大学会の後藤新平が音頭をとって開学した。夏期だけに限定したとは言え、著名な講師陣を揃えて華々しく活動した。この点は、自由大学には真似出来ないものだった。しかも後藤を、新渡戸稲造が設立の当初から支え、新渡戸自身も講師となって教壇に立った。

この軽井沢夏期大学は、東京市内の学者や文化人を主力にした。これは、軽井沢が首都東京の避暑地になっていた関係からである。夏期に、軽井沢にやってくる学者や文化人が多かったのだ。中には、軽井沢に別荘を構えていた人もいた。彼らはそれこそ、教壇に立つべき有資格者だった。近くに住んでいるのだから、夏期大学に出講を求めるのに、好都合だったのである。

ユニークな講座が企画されることも、少なくなかった。筆者の手元に、昭和五年の初夏に出された同大学の広告文がある。日中貿易に関する史学論文数編を、様々な研究雑誌から切り取って、私製合本した冊子の中の、一頁に掲載されたものである。この合本は、三十年以上も前に、京都市内の古本屋で購ったものである。

広告文が掲載されていた元々の雑誌は、東京教育大学の前身である、東京高等師範学校で発行されていたものだった、と思われる。筆者の世代には懐かしい、大塚史学会が発行母体だったと判断される。

そもそも軽井沢夏期大学は、文化講座と英語講座の二本柱で運営されていた。ところが、広告文にあった、昭和五年夏期の講座は、歴史学をテーマにしたものであった。講師陣には、建築史の伊東忠太や、宗教学者で日本キリスト教史学の姉崎正治など実績のある著名な学者が揃っていた。この講座は、長野県との共催であり、文部省が後援していた。

九　大河のごとく豊かな精神史

杏村は病弱であった。もし彼が頑健な身体を持っていたならば、長期にわたって学問活動を続けて、多数の著作を残したことであろう。その内訳は、専門的な著作から、一般教養書や随筆集まで広範な分野に及んだことであろう。これだけの量になると、『土田杏村全集』の巻数が増えていくのは、当然である。

彼が得意にした学問分野に、仏教学があった。彼は新潟県に生まれ育ち、早くから仏教に染まっていた。著作の中には華厳経の教学に関するものがあり、十分に仏教系の大学で教壇に立つ力量が備わっていた。第一書房から刊行された『土田杏村全集』の、随想篇を読むと、彼が若い頃から知性ばかりでなく、霊性を磨いていたことが解る。諸仏や諸菩薩の智恵が体内に広がって、人生が大きく転回して、廻心すらあったのではないか、と思わせる記述があるのだ。杏村の遺影を見ると、どこか仏像に似ている。実に清々しい。

彼には、どうやら世俗的な野心がなかったようである。一年を数少ない和服で通して、金銭的に余裕があれば、本代に使った。そのため、京都市郊外の彼の家は本だらけ。しかし、こうして増えていった蔵書が、彼の知の源泉になった。ある時期、彼は、文筆に有利な東京市かその近郊に引っ越そうと考えたことがあった。しかし、膨れ上がった蔵書が、それを断念させた。

筆者は自由大学の講師陣に、真宗大谷派の学僧・金子大栄が加わっていたことを知り、この人選はいかにも杏村らしいと納得した。金子も新潟県の出身である。宗門から異端視された野人の念仏者である。金子は自由大学でいかなる講義をしたのだろうか。宗教学の担当であったというが、多分、親鸞を語り、清沢満之《きよざわまんし》を讃えたのではないだろうか。杏村も、そうした講義を望んだことだろう。

自由大学と土田杏村の精神史は、大河のごとく豊かである。この発掘と顕彰の作業は、終わったのではない。上木の志を継いで、我々もこの魅力的な作業を続行していこう。

第三章　学問の都のレジスタンス

一　学問を愛し尊ぶ京都人

京都は時代を先取りする街だ、と言われる。古い都に似合わず、未来思考の先進性があって、京都の試みはやがて全国に、世界に広がっていくという特長がある。何故そうなるかと言えば、この街が学問を愛し尊ぶ精神を伝統的に持っているからである。学者や学生を受け入れて育てていく寛容の心を失わないからである。京都は、学問の都なのである。

二　興味は尽きないモダン京都

京都市とその周辺は歴史学研究の宝庫である。モダン京都にも、研究テーマが無尽蔵にある。モダン京都の、どこを切っても面白い文章が書けるのだ。だが、この方面の研究史の蓄積は思ったほど多くはない。ちなみに江戸学東京学の研究量は意外に多くて、この分野のみの分厚い研究文献目録が編纂刊行されているくらいだ。

モダン京都を専門に研究する学者、歴史家の数が少ないのである。だから貴重な史実が埋もれたままだし、社会で共有されない。

例えば、若き日に同志社に学んだ徳富蘇峰は、しばしば京都を訪れて仏教界の名士と交流を持った。蘇峰が西本願寺の大谷光瑞に与えた影響は計り知れないし、伝統の仏教専門新聞『中外日報』の京都本社を訪ねて、社主の真溪涙骨《またにるいこつ》と歓談して種々の情報交換をしていた。この話は、ほとんど知られていない。

もう一点指摘する。「京都学派」という呼称がある。西田幾多郎や田辺元など、昭和前期に活躍した京都帝国大学出身の哲学者たちをひと括りにして、そう呼ぶのである。しかし、これほど厳密さを欠く呼称はない。そもそも「京都学派」は、京都市内の、京大を中心にした支那学（東洋学）の歴史家たちを指していたし、この中には大谷大学や龍谷大学の仏教史学の学者も含まれていたのだ。「京都学派」は、京都の学者グループという程度の意味だったのである。ともかくモダン京都は興味は尽きない。

三　モダン京都が持つ反体制的で前衛的な精神

都市カルチャー研究の海野弘は、モダン京都論の著作が少ないことを歎いていた。彼は『日本図書館紀行』（マガジンハウス、一九九五年十月刊）の「京都府立総合資料館」の章で、「京都のモダン都市についてはまだ研究が未開拓」と指摘している。その数少ない研究成果の中から、気に入った本を数点列挙して、モダン京都の変遷や、そこに活躍の場を求めた人物群像を浮かび上がらせている。彼が特に評価したのが、昭和六十一（一九八六）年に出た京都民報社編『近代京都のあゆみ』（かもがわ出版）である。この本を参考にして、彼はかつて京都市にもモダニズムやプロレタリア美術の運動があったことを紹介している。そして「京都の人々は、時に反体制的で、前衛的な傾向を見せるのである」と感想を書いている。確かに、モダン京都にはそうした気風が濃厚にある。後述するように、昭和時代の後期に、蜷川虎三京都府知事の蜷川府政が長期間続いたことが、それを物語っている。

海野は、旅人として京都市を訪れている。限られた時間の中で、京都府立総合資料館に入って所蔵文献に目を通しているので、彼が手にしていない本や雑誌もあったことであろう。その見落とした研究成果の中には当然触れなければならない労作もあったと考えられるが、それにしてもやはりモダン京都論の蓄積は決して多くはない。

四　京都のモダニスト

モダン京都には、人材が集まってくる構造がある。その中核には、ノーベル賞学者を輩出する京都大学がある。京大の他にも、数多くの大学や研究機関がある。先端的な企業の本社も少なくない。それとは反対に、伝統産業や芸能が活気を維持している。歴史のある仏教教団の総大本山も、有名な神社も多い。まさに日本の歴史が重層的に存在しているので、知的、創造的な活動には最適な場所になっている。

こんな街だから、異色のモダニストが育っていくのである。その京都のモダニストを、列挙して見よう。あくまで筆者の好みが入るが、三木清、土田杏村、中井正一、戸坂潤、山本宣治、末川博、奈良本辰也、田畑忍、土井たか子、森龍吉、和田洋一、安田理深《りじん》などがそうである。

五　蜷川虎三の型破り俳句

モダン京都を代表する学者に、蜷川虎三がいる。昭和時代後期の、庶民派知事である。その毒舌は、あまりに有名であった。彼の中央嫌い、陳情嫌いもよく知られていた。蜷川の府政の基本は、日本国憲法の精神を地方自治に生かして、府民の暮らしを守ることであった。彼は口語調の俳句をひねることを得意としていた。今日、いかにも学者知事らしい論文調の俳句が残っている。例えば、こんな俳句がある。

半島の道　海の道　むこう側に　国がある

この作品は、「朝日新聞」の連載記事をまとめた『新人国記　5』（朝日新聞社、昭和三十九年二月刊）の「京都府」の章に紹介されていたものである。定型の俳句というよりは、自由で奔放で、型破りの、いわば俳句もどきの作品である。昭和三十七年の秋に、京都府北部の宮津市から丹後半島一周の観光道路が開通した時に詠んだ句だそうだ。反中央で陳情嫌いの知事らしい骨っぽさが感じられる。

蜷川は京都府の出身ではない。東京府深川の生まれである。水産講習所に入って、物理学者で随筆家の、寺田寅彦の薫陶を受けている。その後、マルクス主義の経済学者・河上肇を慕って京都帝国大学経済学部に入学する。彼はそこで、統計学を専攻した。学位請求論文は「統計利用に於る基本問題」であった。その後、京大の教壇に立つ。昭和十四年に経済学部助教授、同二十年に経済学部長に就任しているが、敗戦後に起こった学内の戦争責任糾明の声に押され、また彼自身も戦争責任を自覚して退官している。

蜷川が京都府知事に初当選したのは、昭和二十五年四月である。以来、七期連続して当選し、同五十三年四月まで、実に二十八年間も知事の重責を担った。

蜷川には逸話が一杯ある。頑固なリベラリストならではのエピソードである。例えば、こんな話がある。前掲書『新人国記　5』を読むと、彼が京都帝国大学経済学部の助教授の頃、妻が円タク（一円タクシーの略称）の運転手をやって立派に稼いでいた。彼は常日頃、女性も安定した収入を得て、夫から経済的に独立すべきである、と考えていた。円タクが流行したのは、戦前のことである。一円の料金で一定の距離を走行したことから、そのように名付けられたのである。

当時の新聞は、蜷川夫妻のモダンな関係を美談として扱った。だが、世間では天下の帝大助教授の妻が円タクの運転手か、と驚いたに違いない。恐らく蜷川は女性解放の先駆けとして、妻の職業選択を認めたのであろう。職業に貴賤はないと考える彼は、明らかに大正デモクラシーの強い影響を受けて青春時代を過ごしたのであろう。

日本の戦後政治史を語る時に、東京都の美濃部亮吉知事と並んで、蜷川の名前は欠かすことが出来ない。今日、極右の安倍晋三首相が戦前の大日本帝国への回帰を目論んで、戦後憲法を破壊する暴挙に出ているが、それに対比して蜷川のリベラルでモダンな護憲政治は輝きを増している。我々が学び直す好材料である。

六　立命館大学を辞めて日本史の私塾を作った奈良本辰也

戦後京都を代表する歴史家に、奈良本辰也がいる。敗戦後「日本史研究会」の設立に参画して、学問の都における歴史学の復活に尽力する一方、安藤昌益研究会のメンバーとして昌益の思想史的研究を進めるなど、その学者活動は実に華々しかった。

その奈良本は、昭和四十年代に全国的な規模で燃え盛った、学生たちの反乱、いわゆる大学紛争の際に、学生たちが投げかけた真摯な問いかけを真正面から受け止めて、勤務していた立命館大学を辞めて、京都市内に日本史の私塾を作り、若い歴史学徒を育てていった。

その時の思いや私塾を作った理由を、彼は久保継成（宗教家）との対談記事「大学は無用の長物です」（『奈良本辰也選集』第六巻、思文閣出版、昭和五十七年九月刊）で、次のように語っている。

（学生の親が）うちの息子は（立命館大学に）あなたがおるから入れたんだ、それを出て行くというのは無責任だと抗議の電話を受けたので、私はこういうことで辞めるので、それに対する責任は考えておる、その責任というのは塾を開くことだと、ついいっちゃったんだ（笑）。それをとうとうやらなければならなくなって……（笑）。

これを読むと日本史の私塾を開くことを前提にして、立命館大学の教員を辞めたのではないことがはっきりと分かる。言って見れば瓢箪から駒の、偶然の出来事だったようである。ただし、彼は長年、吉田松陰を熱心に研究していた。近世期における全国の私塾教育についても、いろいろと調べて専門的な知識を持っていた。特に、私塾が個性を重視した教育を行なっていたことを高く評価していた。だから彼は、戦後に膨れ上がったマンモス大学のマスプロ教育に対して強い違和感を覚え、かねがね吉田松陰のような私塾を開いてみたい、と思っていたと推察される。

従って、電話口で、親からの抗議に対してとっさに私塾を開設して、歴史学の教育を行なっていく考えである、と答えたのも頷ける。

日本史の私塾とは具体的にいかなる組織であったのか。その詳細について知る材料は手元にないが、奈良本を編著者とした『男たちの明治維新　エピソード人物史』（文藝春秋、文庫、一九八〇年十月刊）の著者紹介欄に、著者の一人である左方郁子の略歴として「奈良女子大学文学部史学科卒業後、立命館大大学院修士課程修了。奈良本研究室所属」とあるので、どうやら「奈良本研究室」と言うのが組織名であったと考えられる。

ただしこの「奈良本研究室」については、厳密には「奈良本歴史研究室」というのが正しいようである。同室は昭和四十六年に創設され、同五十八年に閉室されている。左方のような歴史学を専攻する若い研究者が、多数出入りしていた。

奈良本が立命館大学を辞めようと決意したのは、昭和四十四（一九六九）年一月十四日であった。そして地元『京都新聞』の報道によれば、正式に辞表を提出して辞職したのが同年一月二十四日午前であった。彼は、同月二十八日『京都新聞』夕刊に「定年退職を早めるの辞」と題した手記を寄せている。なお、この辺の事実関係を調査するに当たっては、京都府立総合資料館の協力を得たことを付記しておく。

奈良本の行動は、大学紛争で学生たちが教授陣に突き付けた、大学教育に関する根源的な問いかけに対する回答であった。

七　大学の問題点を列挙する奈良本辰也

戦後の思想界、学問世界に多大な影響を与えた硬派の雑誌『思想の科学』（思想の科学社）は、昭和四十四年五月号で特集「反大学の思想」を組んでいる。奈良本はこの特集に「塾的大学の構想」を寄稿している。この論文で彼は、私塾の理念を取り入れた斬新な大学像を提示し、併せて思想史家らしい学問観を語っている。

彼の「塾的大学の構想」は、今日においても傾聴に値する。詳しく、その論を検討して見よう。まず彼は立命館大学を去ろう、と決意するに至った理由を、以下のように書いている。

今日の大学の在り方について深い疑問を持つようになったのは、かなり早い時期であり、それがどうにもならない気持を押しつけてきたのは、あの東大紛争であった。このとき、私はまぎれもない一人の傍観者であったので、あえて東大紛争と呼ばして貰うことにするが、しかし、それが投げかけた問題は痛烈に私の胸をえぐった。大学はこれでよいのか、大学教授はこの問いかけに対して何と答えてよいのか。自分は一体、どのように思想を表明し、どのように行動すべきであるのか。

このように思案していた奈良本が、立命館大学の教授辞任の意志を固めたのが前述の通り、昭和四十四（一九六九）年一月十四日であった。彼はテレビ、新聞、雑誌を通して大学を去ることを表明したが、これが大学紛争に揺れていた当時の社会に大きく影響を与えた。では奈良本は、具体的に大学の制度や教育の、どこに問題や矛盾を感じていたのであろうか。それを以下に列挙しておこう。要約するのではなく、原文を引用する形で紹介したい。ただし書き出した順番や冒頭の見出しは、筆者が決めて付したものである。

①自治をかくれ簑にした教授会の堕落

もっと厳しかるべき学問や教育の世界が、教授会の自治をかくれ蓑とし、教職員組合の保護の下で、十年一日のごとき生活に終始していたのでは今日の状態がくるのは当然のことであろう。

②大学の自治は妥協を生み管理者の思想になり　私自身を破滅させる

（大学の自治は、教授会の自治であるという理念は、結局は妥協を生み、やがて大学を管理し維持しようとする者の思想と五十歩百歩になると記述して）私は、その大学を守るという姿勢において、学生の提示する真実を真正面からうけ止めることができなくなるのではないか。（中略）機構（大学の組織のこと）への責任を果そうとすればそれは私自身の破滅へと進んでゆく。

③マスプロ教育の弊害

マスプロ教育といわれる非人間的な智識の一方的伝達。それならばむしろ家庭や下宿で本を読んでいた方がましである。

④大学教授の終身雇傭制

大学教授の終身雇傭制。これが講義のマンネリズムを誘う。

⑤講座制という名の封建的主従関係

講座制。これによってどの位、前途有為な学者が埋れていったか。

⑥マンモス大学の弊害

今日、少し名前のある大学は万という字で数えられる学生数を持っている。私のいた大学では、入学式も卒業式も一度にやる教室を持たないので、何回にも分けてこれを行っていた。教室が小さ過ぎるのではない、学生が多すぎるのだ。しかし、私のいた大学などは中程度の大学である。これが大規模の大学となると、学外に大体育館を借りたりして入学式や卒業式を行なわなければならない。（中略）これほどの人数を前にして、その学生の一人一人を個性的に生かして行ける教育というものが現実に存在するであろうか。教育は、勢い平板なものにならざるを得まい。教科書を使って型通りの授業がくり返されるだけである。

⑦企業の下請けとなって　型にはまった学生を送り出す大学

大多数の型にはまった学生がどっと社会に放り出されたら、社会は、それを適当にふり分けて、そして自分の企業なり経営なりに吸収してゆく。

奈良本の大学批判は、過去のものである、現在では全て改善されている、と言えるだろうか。そうではないだろう。残念ながら、ここに列挙した問題点は、平成に入った今日も色濃く残っているのではないだろうか。

では彼は、高度経済成長期に肥大化し、問題を複数抱えた、かかる大学をいかにして改革しようとしたのだろうか。次に、その改革像に当たる奈良本提唱の塾的大学の構想を見ていこう。

八　塾的大学の構想について

改めて言うが、塾的大学の構想は、奈良本の近世思想史研究の中から生まれてきたものである。彼には、吉田松陰の松下村塾など、近世期の私塾に関する著書や論文が多い。その研究で培った知識と思想が、塾的大学には投影されている。引き続き、彼の記述する所を引用して見よう。

今日のような大学のあり方は根本的に改革さるべきであり、さらに言えば解体さるべきであるということである。反大学といえば、私がいつか塾のことについて話したことがある。これは、私が大学を去るにあたって、少なくとも私のもとで学びたいと日本史学科を選んだ一部の諸君に対する責任を回避しないという意味であった。ところが、それからしばらくして、代々木系の学生か、或いは地区委員会の出したビラに、反大学とか、大学解体とかいっているが、その正体はみえた。それを高橋和巳や奈良本辰也などが言っている塾のようなものになるのではないかという趣旨のことが書いであるということを知らせてくれた人がいた。

あの立派な建物や設備を持つ大学を解体して、でてくるのは何だ、塾か、といった嘲りが投げかけられたのである。


塾的大学の構想が、当時、世間的に大きな反響を巻き起こしたことが分かる。では彼が考えた塾的大学とは、具体的にいかなるものであったのだろうか。

それは、近世期に江戸幕府が設立した昌平坂学問所や、水戸の弘道館、萩の明倫館などの藩校に照準を合わせたものではなかった。いわゆる私塾を、現代に再生させることであった。彼が理想的な私塾として挙げているのが、前述した吉田松陰の松下村塾の他、シーボルトの鳴滝塾、緒方洪庵の適々塾であった。それに中井竹山《ちくざん》・履軒《りけん》兄弟の懐徳堂《かいとくどう》を含めた。彼に言わせれば、これら私塾には「真実の学問があった」のである。

奈良本は、教育の目的は「人間の規格品」を作り出すことにあるのではなく、個性的な人間を作りあげることにある、と考えていた。人間は様々な才能を持って生まれてくる。教育は、その才能を十二分に引き出して伸ばしてやることである。それが何よりも重要である。彼はそう考えていた。近世期の私塾は、その才能教育を見事に成し遂げたと評価していたのである。

もちろん、近世期の私塾をそのまま現代に復活させれば良いと言うのではない。以下はそれに関する、奈良本の見解である。

今日の学問は、より高度になり、より専門化している。一人の人間がすべてを兼ね備え、求める者のすべてに応答するというわけにはゆかない。だから、それは勢い複数の形をとるであろう。松下塾と適塾との合併のようなものだ。もちろん、そこには精神的なものの交流がなければならぬ。一つの球団を形造る野球チームのようなものだ。一つの球団をみるとき、そこには明らかに一つの個性がある。そしてそれらは、その個性をもって世間の要望にこたえ、勝負の世界に全力を賭けて生きてゆく。

私の考え方は、あの球団のような新しい塾の形成である。もっと厳しかるべき学問や教育の世界が、教授会の自治をかくれ簑とし、教職員組合の保護の下で、十年一日の如き生活に終始していたのでは今日の状態がくるのは当然のことであろう。

塾的大学の基本的な考え方が、この文章に集約されている。塾的大学とは才能豊かな野球選手で構成される、一つの球団である、と言うのである。権威主義的で封建的な大学風土に慣らされてきた者たちには、驚きである。度肝を抜かされたことであろう。

まさにこの構想は、モダンな自由主義精神の具現化である。立命館大学退職後における、奈良本の活発な活動は、このリベラルな精神を忠実に実行したものであり、独立した歴史家が歩むべき道を指し示していた。

九　塾的大学の構想は京大の学風に発する

先に、モダン京都の代表的なモダニストを数名列挙した。重ねて言うが、筆者の好みが入っている。残念ながら全て故人である。二十世紀に活躍した学者、歴史家、宗教家である。列挙して見ると、京都大学の出身者が多いことに気が付く。

筆者の書架には、やはり京大出身者の本が多数収まっている。桑原武夫、三木清、土田杏村、中井正一、戸坂潤、末川博、今西錦司、梅棹忠夫、奈良本辰也らの本は、専門書から学問随筆まで結構持っている。桑原の著作の中では、『わたしの読書遍歴』（潮出版社、昭和五十三年八月刊）がいい。同書は、龍谷大学文学部の学生時代に購ったもので、これまで幾度となく手にして読んだ。フランス文学者で、日本史にも精通した、桑原の学問の世界を味わうことが出来て嬉しかった。

さて、奈良本が提唱した塾的大学を別の角度から分析してみたい。筆者は、この大学構想は単純に近世期の私塾にヒントを得たものだ、とは考えていない。彼の発想は間違いなく、母校である京都大学のヒューマニズム、自由主義の学風に強く影響を受けたものである、と判断している。具体的に言えば、在野の逸材を迎え入れる大胆な人事、権威や学閥を破壊する自由な議論、遊び心を大切にしてオモロイことを楽しむ柔軟な思考である。これらが、京大の学生時代に染み込んでいたのである。

筆者の手元に一冊の学問随筆集がある。それは、言語学者の金田一京助を著者代表とした『学究生活の思い出』（宝文館、昭和二十九年六月刊）である。執筆しているのは、金田一京助の他に、末川博、恒藤恭、辻善之助、小島祐馬らである。末川、恒藤、小島の三名は京大法科の出身である。

末川の一文は、京大の学風を記録した貴重な証言となっている。末川は明治二十五年十一月二十日に、山口県玖珂郡玖珂村に生まれた。大正六年七月に、京都帝国大学法科大学を二十六歳で卒業し、同年九月に同大大学院に入って民法、特に債権法を専攻している。貴重な証言とは、その大学院での研究環境を回想した箇所である。彼は、次のように書いている。

その頃の京都大学法科には、清新な気があふれ、自由に明朗に活発に研究するフンイキがかもし出されていて、学究生活にはいったばかりの私を強く刺激してくれた上に、学問をすることの楽しさを味あわしてくれたのである。すなわち宮本英雄、森口繁治、滝川幸辰、恒藤恭、田村徳治、小栗栖国道、栗生武夫、井上直三郎などの諸君がそれぞれ専攻はちがうけれども、たえず相より相集って研究会を開き、ハツラツたる意気込みで、全く遠慮のない愉快な空気のなかで互に研鑽しあっていたのである。そしてそこでは、学問をする者は、相撲取りと同じように、マッ裸かで真剣にやりさえすればよいのだといったような気風が支配していたから、老教授であろうと先輩であろうと、学問の世界では伝統的な権威を主張することを許されず、従って地位とか身分とかいったようなものを無視してかかるという風が強かった。これは、在来の大学に深く根をおろしていた封建的な風習、ことに教授ともなれば一国一城の主でもあるかのように能力のいかんにかかわらず自分の講座を中心に徒党をつくって下らない優越感にひたっているごとき遺風を打破することになり、本当に学問をするというフンイキをつくり出すことになった。

この文章は、京大の溌剌とした学風を見事に表現している。世界に誇る独創的な学問成果を、次から次へと発表していく根源を語っている。末川は「自分の講座を中心に徒党をつくって下らない優越感にひたっているごとき遺風」と、学閥をバッサリ切り捨てる。学閥がはびこると、若い優秀な才能は育たない。学問は衰退する。末川は若い頃から京大で、そのことを学んでいたのである。この精神は、当然、奈良本にも受け継がれた。

十　瀧川事件と法律研究会

末川が記述していた研究会とは、法律研究会のことであろう。伊藤孝夫氏が発表した労作『瀧川幸辰　汝の道を歩め』（ミネルヴァ書房、二〇〇三年十月刊）の第二章「刑法研究者としての出発」を読むと、それがはっきりとする。この中で「この頃、京大法科の大学院学生や有志の若手研究者によって『法律研究会』が組織され、月二回程度の例会を開いて研究発表や討論などを行っていた」などと記述されている。登場する面々も、末川が紹介した人たちとほぼ一致する。法律研究会のことと判断して間違いないだろう。ここで留意して欲しいのは、天皇制ファシズムの学問弾圧に抗って立ち上がった学者たち、すなわち瀧川事件（あるいは京大事件）の中心メンバーが、研究会に参加していたことである。同事件は、我が国の近現代史上最大の学問弾圧事件であった。学問の都に起こった、学者と学生たちのレジスタンスであった。国家統制に対して、学問の自由、大学の自治を守ろうとした輝かしい抵抗の歴史である。

　戦前の国家権力は、本事件の主人公である京大法学部教授の瀧川幸辰《ゆきとき》を一方的にマルクス主義者と決めつけて、大学から追放しようとしたが、本来彼は革命家でも何でもなくて、トルストイの思想に共感する自由主義刑法学者であった。いわば京大のリベラルな学風を体現する象徴的な存在であった。その彼を大学から追い出そうとするのだから、ファシズムは恐ろしい。京大の抵抗が徹底していたのも、当然である。

　この事件については、京都市の学術出版社・世界思想社から『瀧川事件　記録と資料』（二〇〇一年八月刊）が出ていて、事件の全体像が理解しやすくなっている。まとめたのは、同社の編集部である。この資料集を使って事件の概略を紹介したい。

　昭和八年五月、斎藤実内閣の文部大臣・鳩山一郎は、京大法学部教授の瀧川幸辰を休職処分にした。彼が中央大学で行なった講演や、著書『刑法読本』（大畑書店、昭和七年六月刊）で示した学説がマルクス主義であり、大学令に違反する、と判断したのである。ところが、この処分が同大法学部教授会の議決を経ておらず、しかも京大総長の上申もなく行なわれていたため、法学部が反発。法学部の全教官が辞表を提出したのである。

　一方、この動きに呼応して法学部の学生ばかりか、他学部の学生までもが立ち上がり、法学部の教官の行動を強く支持した。教官を支援する輪は広がりを見せて、東京帝国大学を初めとした全国の大学に拡大した。さらに知識人は学芸自由同盟を結成して、支持を表明した。

こうした事件の推移と拡大については、前掲の世界思想社編『瀧川事件　記録と資料』が、当時の新聞記事や関連文献まで収録して詳しく紹介しているので参考になる。

国家権力はしかし、世論の動きを無視した。昭和八年七月、鳩山文部大臣は辞表を出した法学部教授十五名のうち六名のみ受理したため結束が乱れた。最終的に、全教官三十三名のうち三分の二が京大を去った。

その去って行った教官のうち、教授陣は次の六名である。

《免官六教授》瀧川幸辰、佐々木惣一、宮本英雄、末川博、宮本英脩、森口繁治

この中で宮本英脩は同年末に京大法学部に復帰した。また免官教授とは別に、恒藤恭と田村徳治の二教授が辞職している。

結局、恒藤と田村を加えた、七名の教授が京大を去っている。助教授以下を見ると、全十八名のうち十三名が初志を貫いて辞職している。

十一　末川博の学界放浪

京大を去った末川博の、学界放浪時代を見ていこう。

前掲『学究生活の思い出』の中で末川は、瀧川事件について「要するに時の政府が大学人事に干渉して来たのに抗して、法学部教授助教授などが一致して、学問の自治を守るためにたたかい、遂に教授七名その他が大学を去るに至ったのである。すなわち満州事変の頃から急速に進展して来た日本のファッショ化は、真実を究め真実を語る学問を抑圧する方向においてわれわれ学徒の上におそいかかり、三ケ月にわたる抗争をふみにじって、狂暴にも法学部の良心的な教授陣を壊滅せしめた」と記述している。ここからは、当然のことながら狂暴な国家権力に対する、往時と変わらぬ怒りというものが伝わってくる。

昭和八年に京大を辞めてから、彼は弁護士になろうかと考えたこともあった。が結局、紆余曲折の末に大阪商科大学に専任講師として赴任することになる。昭和十五（一九四〇）年の秋に同大教授に昇格するまで七年余りあった。京大を去ってからの間のことを、彼は「学界浪人」と呼んだ。浪人時代に、彼は商科大学ばかりでなく、私立大学の講師を務めたこともあった。この中に、どうやら立命館大学の講師もあったようである。

大阪商科大学への専任講師就任は、恒藤恭と一緒だった。二人の教授昇格も同時であった。恒藤は、やはり『学究生活の思い出』に寄稿しているが、その中で文部省の嫌がらせに触れている。「末川君と私とが大阪商大の専任講師に就任した際に、河田学長は両人を教授としてむかえたいと考えて居られたが、文部省側に異議があって、専任講師ということに定まったのであった」。

末川は国家権力に徹底的にマークされて、学界放浪時代を過ごしていたことになる。

歴史家の奈良本辰也が、自伝『昭和史と共に歩んだ青春　歴史家への道』（文一総合出版、昭和五十三年六月刊）で、学界放浪時代の末川に関するエピソードを書き残している。末川も奈良本も山口県の出身であり、戦後は共に立命館大学で教鞭をとっている。昭和十二（一九三七）年五月に京都市内の朝日会館で瀧川事件「五周年」（四周年か？）記念集会が開かれた。奈良本は当時、京大の学生であった。集会の世話役をやり、当日は切符切りを担当していた。この日の講師は、末川であった。会場は超満員となったが、警察の者だと名乗る七、八名が、切符を持たず何の断りもなく、会場の中に入って行こうとした。奈良本は最初「切符を持たない者は通せない」と突っ張ったが、取材に来ていたと思われる新聞記者の助言を聞き入れて、通すことにしたという。末川は壇上から、痛烈な政府批判を展開した。大学の自治を破壊して学問を弾圧する権力の暴走に、怒りは消えなかった。末川の反骨は健在であった、と言うべきだろう。

十二　瀧川事件と山口県出身の学者たち

さて、この一連の瀧川事件では、偶然の一致なのだろうが、山口県出身の学者たちが登場してくる。山口県の精神風土は保守思想に染まっている。だが、それに反発するかのように前衛的で進歩的な人物が時に生まれてくる。

末川も奈良本も、そうした人間なのである。末川を迎えた大阪商科大学（後の大阪市立大学）学長の河田嗣郎も、そして『貧乏物語』の著者でマルクス主義経済学者の河上肇も同様である。河田は京大の出身であり、自由主義の社会経済学者として知られていた。

彼らは皆、山口県の東部、周東地区の出身なのである。末川が玖珂《くが》村、河田が伊陸《いかち》村、奈良本が瀬戸内海に浮かぶ屋代島（周防大島）、河上が岩国市の出身である。河上も河田も末川も、京大で教鞭をとっていた。そして三人とも、学問弾圧を受けた経験があるのだ。

奈良本は、こうした暗い時代に抗った同郷出身の学者たちの後ろ姿を見て、青春時代を過ごしていたことになる。

なお付言すれば、宮本常一も、周東地区の出身である。奈良本と同じく屋代島の出だが、宮本と奈良本の学風には同じ島の育ちとは思えないほどの違いがある。京大に進学して正統派の日本史学を学んだ奈良本と、草創期の民俗学を身につけた在野の宮本との間に違いが生まれてくるのは、当然と言えば当然である。

十三　末川と奈良本との因縁

末川が大阪商科大学の教授を退職して、立命館大学の学長に就任したのは敗戦後の昭和二十年十一月であった。一方、奈良本が立命館大学の専任講師に就任したのは、昭和二十一年であった。末川が同大に奈良本を引っ張ったとも考えられるが、詳しいことは分からない。末川が同大の学長、総長を退職したのは昭和四十四年四月であったが、実は同年一月に奈良本の辞表を受理している。

この二人の立命館大学における学者人生は、ほぼ重なっているのだ。末川は奈良本を大学に招き、奈良本が大学教育に限界を感じて去っていくと、自らも総長職を退いて大学を去っていく。同県出身の学者だから因縁は深い、と言うべきかもしれない。

なお末川には、兼清正徳が著した『末川博　学問と人生』（雄渾社、平成九年三月刊）という、調査の行き届いた評伝がある。奈良本に関しては、かかる研究書は存在しない。二人を主人公にした、新たなモダン京都論が書かれてもいいだろう。

十四　法学者たちの冷静な時局本

その末川に、時局に即応した戦事色の強い著書がある。彼一人で執筆した本ではなくて、法学の専門家四名で仕上げたものである。それは末川、實方正雄、原龍之助、谷口知平の共同執筆の『国防経済法体制　国家総動員法を中心として』（有斐閣、昭和十七年二月刊）である。四名はいずれも大阪商科大学に勤務していた教官である。

この本にはファナテックな所はない。法律の専門家の冷静な分析が目立つ。戦時下における国家統制の実態を知るには格好の史料本となるだろう。国民総動員とは、法律を張り巡らせて国民生活をがんじがらめに縛り上げて、強引に国家意思に従わせることだ、と分かってくる。自由を奪うのは、軍事力だけではないのだ。法律が国民の自由を奪って抵抗する精神を破壊してしまうのである。

十五　京大図書館があればこその大構想

末川が前掲『学究生活の思い出』で書いていることだが、京大図書館の蔵書は実に充実していた。彼は、それを使って一大学術書を書こうとしていた。単なる民法の専門書ではない。社会思想史学にからめて、労働運動や社会運動までも視野に入れたスケールの大きな法大系である。取り上げる国は日本だけでなく、アメリカ、イギリス、ドイツなど当時の主要な国々を網羅する計画だった。

彼は京大図書館を使って、この壮大な社会法大系を執筆する構想を早くから固めていた。四十歳前後の、学者として一番力の出る頃であった。むろん彼一人で取り組むつもりはなくて、経済学など京大の他学部の学者をも動員して完成させる考えであった。ところが瀧川事件によって大学を追われたことで、この計画は夢物語に終わってしまった。京大の図書館がなくては、そして京大の学者たちの協力が得られなかったならば、とてもこの大構想は実現出来ない、と諦めてしまった。

京大図書館があればこそ、という思いは、立命館大学に移った学者たちに共通していたようである。いったん立命館大学にいきながらその蔵書の内容に落胆して再び京大に戻った者も出てきた。やっぱり京大の方が図書館の蔵書が充実して研究環境が整っている、と考え直したのだ。

〔第二部〕歴史家講義

第四章　歴史家になる方法

一　歴史家の仕事を一冊の本にして遺す

歴史家になるのに、国家試験はない。近年、日本史や地方史に関する様々な検定試験が流行しているが、こちらは歴史好きをランキングする尺度である。

歴史家は、専門的な知的生産物によって認められるものである。すなわち専門的な著述を永続的に行なって、それらを論文や評論や研究報告にまとめ、その数が相当の量に達すれば、その人は間違いなく歴史家と呼ばれる資格がある。ただし、さらに注文を付けるとすれば、それらをしっかりとした学術書にまとめて置くことである。その歴史家の仕事の総てを一冊の本に凝縮しておくことは、史学界全体への、あるいは地域社会への恩返しである。

気になる歴史家の、論文や評論や研究報告に一々当たることは面倒である。発表媒体が散逸しやすい雑誌や小冊子であったりすると、探し出すことが不可能となる。これでは、世代から世代への、研究のバトンタッチが途絶えてしまうことになる。単行本にして遺して置くことは、後に続く若き学徒のために、実に有益なのである。

二　在野の歴史家は一人一冊主義を実践すべし

四年制大学などに教員ポストを持つ歴史家は、恵まれた人である。こういう歴史家の、理想的な知的生産の歩みを示すならば、三十代で一冊、四十代で一冊、五十代で一冊、六十代で一冊の、計四冊の専門的な学術書を出版することであろう。だいたい、十年間で十本から十五本の論文を発表することが可能である。それを三十代、四十代、五十代、六十代のそれぞれ半ば頃までにまとめるのである。例えば二十代に発表した論文を、三十代の前半に一冊にまとめる、という具合だ。

ただし、四年制大学などに教員ポストを持たない歴史家の場合には、生涯に一冊で十分であろう。在野で、民間で、他に仕事を持ちながら、家族を養い、子供を育て、週末や祝日を使ってコツコツと研究活動を続ける人にとって、一冊の著作をなすのは難事業である。

だから、かかる在野型の歴史家は、生涯一人一冊主義を目標にすべきなのである。

三　著作をなすのは事業経営に劣らない

歴史家が生涯をかけて歴史研究に身を捧げ、その成果を専門的な研究書にまとめることは、企業家が会社を興して事業を成功させることに似ている。だが、世間ではそんな見方はしない。企業家が事業に成功したら地域の名士として称賛されるが、歴史家の仕事は好事家の趣味と見做されて、評価されることは稀であろう。

だが、歴史家の仕事は社会を動かし、時代を作っていく。その著作の影響力は、思いの外長いのだ。歴史家が遺した知的生産物に、深く学恩を感じる学徒は絶えることがないだろう。

つまり著作をなすのは、企業経営に劣らないのである。

四　著作をまとめるのは歴史家本人とは限らない

歴史家が亡くなった後に、本人に代わって、遺族や弟子たちがその業績をまとめることがある。生前に様々な学術雑誌に発表された論文を一冊にまとめる場合もあれば、発表されていない原稿を整理して本にする場合もある。こうした作業は意外に重要であり、その歴史家の学問の世界を後世に伝えていく上で大きな役割を果たすのである。

京大経済学部出身の経済史家に、原傳《つとう》がいた。彼は昭和九（一九三四）年二月十五日に三十三歳で亡くなった。原の代表作である『松江藩経済史の研究』（日本評論社、昭和九年十一月刊）は本人がまとめたものではない。同僚の学徒が、上梓したものである。巻頭には、生前の若々しい原の遺影が掲げられている。序文を書いているのは、京大の指導教員であった経済史家の黒正巌《こくしょういわお》である。黒正は「（この書が）原君の生命を永遠に伝ふるものである事を信ずる」と書いている。

原は明治三十三年十月二十五日に、島根県飯石《いいし》郡（当時）鍋山村に生まれている。松江中学校、京都帝国大学経済学部、同大学院を経て、日本経済史研究所（嘱託の研究員）などに勤めている。彼は近畿、中国地方を中心に資料採訪の旅を精力的に行なった。本書は、そうした地道な研究活動によって産まれた労作である。なお本書の復刻版が、昭和四十八年に臨川書店から出ている。彼の研究は、戦後歴史学界でも、陳腐化することなく、読み継がれているのだ。

五　出版費用を捻出する方法

歴史家にとって、一冊の専門的な研究書を出版するのは難事業である。著名な歴史家ならば、売れること確実とあって、出版社が全額費用を負担して本を出してくれるかもしれないが、在野で地道な研究活動を続けている、いわば無名の歴史家の場合には、出版社の側から企画を持ち込んでくることはない、と考えた方がいい。むろん出版費用も、自分で用意しなくてはならない。

その出版費用が半端ではないのは、当然である。だが、何事も計画的に進めれば、実現しないことはない。人生には大学進学や就職、結婚、出産、自宅購入、老後の医療費など必ず必要になる資金というものがある。それを、我々庶民は若い時から貯蓄して、来るべき時に備えるのである。研究成果を世に問うための出版費用も、これとまったく同じである。社会人になってから、毎月、給料の数パーセントを出版費用として積み立てていくのである。

詩人の荒川洋治氏は、以前、ＴＢＳラジオの朝の番組（森本毅郎スタンバイ）で、読書家に関するユニークな定義を語ったことがあった。荒川氏は、月給の五パーセントを本代として使うことができる人は読書家である、と定義したのである。月給が二十万円の読書家は、毎月一万円を本代に使うというのである。

この定義は、歴史家の出版費用の貯蓄にも援用出来るだろう。年収二百万円の人は、毎年五パーセントの十万円を積み立てていくのである。十年間で百万円、十五年間で百五十万円が貯金出来るわけだ。二十代前半に歴史家の歩みを始めた青年学徒は、三十代の半ばには、十分に出版費用が手元にあるし、論文も最低十本は書き上げている計算だ。

むろん、この計画は独身の場合である。結婚して伴侶がいる人は、また別の出版計画が立案可能であろう。共稼ぎによって、種々の人生資金に余裕が出来て、早々に出版費用が蓄えられた、というケースも生まれてくるだろう。いずれにしても、何事もコツコツと、長期的に取り組むべきなのである。

六　歴史好きと歴史家の違い

歴史好きと、歴史家とは違う。

世の中には、時代小説を読むのが大好きな人がいる。歴史上の人物、それも英雄について、いろいろと細かな点まで知っている。テレビの時代劇がある日は、帰宅も早い。新聞や雑誌に、世界遺産に関する記事が掲載されていると、熱心に読んでいる。各地の名所旧跡を訪ねるのが、大好きである。こういうタイプの人が、歴史好きである。実に物知りで、聞く人を飽きさせない。

だが、残念ながら、単なる好事家を歴史家とは呼ばないのである。

歴史家が、青春時代から、歴史好きであったことは確かだろう。だが、彼らはそれに止まってはいなかった。ひとかどの歴史家になるために、不断に、専門的な訓練を続けたのである。歴史家には、しっかりとした歴史をみる眼、分析・論証力、文章力、付随する知的生産法が備わっているのだ。

しかし、これは一朝一夕には身に付かないのである。長期間の、地味で地道な努力が必要なのである。単なる歴史好きに、これが耐えられるだろうか。むろん歴史好きの自宅には、歴史を扱った読み物風の雑誌や一般教養書が所狭しと置かれていることだろう。だが、学術的な専門書は皆無である。先行する論文を読んだ形跡もない。問題意識を育てる努力もしないし、進んで苦労が多い論文執筆もしない。従って、十年、二十年かけて、一冊の歴史学の専門書を完成させよう、などとは考えないのである。

これでは、歴史家になることは不可能である。

七　四年制大学で歴史学を学ぶことのメリット

歴史家になる道は、様々である。独学で十分という人もいるだろう。けれど、経済的に問題のない人は、四年制大学の歴史学関連コースに進学した方が無難であろう。我が国の大学には、歴史学に関する多種多様な学部、学科、専攻がある。それぞれに、伝統に培われた史風というものが存在する。そういう学問環境を選択した方がいいのではないだろうか。

四年制大学で、歴史学を学ぶことのメリットは、決して少なくはない。それは歴史家になるための基礎力を、しっかりと身に付けることが出来るからである。専門分野の諸講義を学ぶ。民俗学や経済学や哲学・思想など、隣接する諸学問を併せて学ぶ。これが効率的なのである。大学には業績のある歴史家が多い。そうした教員にゼミナールで、指導を受けることが出来るのだ。加えて、大学図書館には、専門の文献や歴史学雑誌が多数所蔵されている。こういう学問環境は歴史家を育てるのに、意外に効果があるのだ。

八　歴史家が研究成果をまとめる作業とは

実際に、歴史学研究を論文や評論や著書にまとめていくためには、次の九つの要素を持つ必要がある。

①歴史学の知的作業では、必ずメモやコピーを取る。

②先行研究をまとめて、研究史を整理する。

③問題意識を明確にして、研究する視点・視座を定める。

④解明すべき問題の所在を示す。

⑤史資料（原文の他、活字・復刻本も含めて）に目を通して、引用箇所を決定する。

⑥メモやコピーの山を、関連性を考慮して分類し、それを元にして章立てする。

⑦各々の章を執筆していく。第一次原稿の段階。

⑧全体の流れ、論証に無理はないか、など吟味して、第一次原稿を加筆訂正する。

⑨結論（明らかになったこと）及び、残された課題を提示する。

なお、原稿書きに不慣れな青年学徒は、好きな歴史家の論文を書き写す作業（写経のように）を繰り返してもいいだろう。執筆のコツが、分かってくるはずである。

九　無数にある研究テーマ

開拓が待たれる、歴史学の研究テーナは無数にある。自由民権の思想と運動の歴史的考察のように、百年を超える研究の蓄積がある分野もあれば、南博や海野弘がリードして一九六〇年代以降に活発化してきたモダン都市の研究のように、従事する学者の数はそれほど多くはないが、しっかりとした研究成果が積み重ねられている分野もある。

地方史学や地域史学の分野は、研究者の偏在が目立つ。活発な都道府県もあれば、それほどでもない所もある。この差は、過去に実力派の歴史家がいたかどうかによって決まる。例えば、長野県の一志《いっし》茂樹、福島県の庄司吉之助が代表的な人物である。この種の人は、生涯を歴史学の開拓に捧げて大きな業績をあげる一方で、研究会を組織して歴史学雑誌を発行し、後進を育てる努力をいとわなかった。従って、こうした実力のある歴史家がいる県には、当然のことだが、古代史から近現代史まで、優秀な研究者が育っている。

さて全国には、数多くの新聞社がある。出版社がある。古本屋がある。かかるマスコミ出版文化史学の方面も未開拓に近い状態にある。自治体史の近現代史篇に、地元の出版社や新聞社や新刊書店や古本屋が登場することは、極めて稀である。地元の文化教育レベルを向上させて、住民の精神生活に欠かすことの出来ない存在でありながら、自治体史に取り上げられなかったのだ。これは、どう考えてもおかしい。

近現代の学問史、学芸史の分野も研究が遅れている分野である。地方知識人が寄り集まったサロンの存在、それら知識人が創造した地方文化の実際、彼らを応援したパトロンの存在、在野に起こった諸学の研究会の全体像など解明すべきテーマは多い。学芸史に関連して言えば、戦後民主化の流れの中で、歴史家、学者、思想家、文化人、作家らはいかに行動し発言したか。これらの解明も、関連史資料の発掘を併せ行ないながら、進めていくべきであろう。

一方、都道府県単位の仏教通史というものは、存在しない。むろん沖縄県（琉球）、愛媛県、北海道にはそうした通史的な力作はあるが、それはごく一部分であろう。むろん関連する論文や専門書はそれなりに出ている。だが、通史を意識して叙述していないため、古代から近現代までの都道府県仏教の流れを俯瞰することが出来ない。

筆者の出身県である島根県を例に取っても、出雲地方と石見地方では色合いがかなり違う。出雲仏教は諸宗が均衡を保っているが、特に禅宗と浄土宗に目配せしなければならないだろう。石見仏教は何と言っても浄土真宗（それも西本願寺系）の教線地帯だ。同地方においては、かなりのスペースを割いて真宗の展開史を叙述しなければならないだろう。

筆者が是非読みたいと思うのは、広島県、石川県、新潟県である。この三県は著名な仏教者が多数生まれた地域である。その群生の、精神的土壌を知りたいのである。

以上は、筆者が興味のある分野について、開拓の必要性を説いたものである。

十　伸び盛りの歴史家にとって必要な時間という名の資産

一人前の歴史家に成長するためには、様々な資産が必要である。代表的なものとして、財力が思い浮かぶが、それだけでは充分ではない。蔵書、史資料、知的生産のための書斎あるいは研究室、研究活動を支えてくれる伴侶や家族、経済的に援助してくれるパトロン、研究仲間なども、重要な要素であり、資産である。

そして、それらに加えて、忘れてならないのが時間である。時間がたっぷり与えられていないと、歴史学は、学問は成就しない。特に十代、二十代の青年学徒は、時間を買ってでも確保すべきである。なにせ学問の土台を築く大切な時期である。学ぶべき先行研究は山ほどある。隣接する諸学の学問業績もたっぷり吸収したい。論文推敲のための時間もかかる。とにかく学問を志す者にとって、時間はあればあるほどいいのである。

十一　一人前の歴史家にとっても貴重な資産である時間

十代、二十代の青年学徒は、時間を買ってでも確保すべきであると書いた。だが、これはあらゆる世代の歴史家にとっての鉄則と言うべきかもしれない。いろいろと肩書が付いて社会的な雑務が追っかけてくるようになると、自由になる時間の有り難さが分かってくる。出世の階段を上り詰めた、いわば一人前の歴史家にとって、時間は若い時以上に貴重なものである。財力よりも、時間の方が重要な資産となっているかもしれない。

十二　歴史家は自宅に最高の知的生産拠点を作るべし

吉野俊彦は、二刀流の歴史家だった。日本銀行に永年勤務していたから、その方面は当然のことながら専門的な知見に富み、金融関係の歴史的な著述をなした。一方で、近代文学に関する異色の研究を行ない、森鴎外や永井荷風に関する研究など、勤め人の銀行マンらしい分析がキラリと光っていた。

吉野は既に没しているが、生涯に百冊以上の本を著した。多忙な銀行マン生活で、よくこれだけの学問成果をあげ得たものだと感心するが、実は彼にはこれを可能にする知的生産の拠点が、自宅にあったのである。

千葉県市川市の自宅には、蔵書三万数千冊の書庫兼書斎があった。経済、金融関係の書庫、国文学関係の書庫といった風に、ジャンル別に整然と分類整理されて、使いやすく出しやすい構造となっていた。とにかく、勤め人にとって、研究時間を捻り出すのは一苦労である。吉野の宴会嫌いは有名で、決して人付き合いが良かった方ではないが、それは研究時間を確保するためであった。帰路、タクシーを使って、都内から市川市の自宅に直行することもしばしばだったようだ。九十歳近くまで生きたが、最後まで机に向かった。執筆し続けることで、生きていることを実感したかったのであろう。

歴史家は、吉野の生き方を学ぶべきである。歴史家も、自宅に最高の知的生産拠点を作るべきなのである。

十三　大風呂敷を使った知的生産法

史資料はあっという間にたまっていく。厄介なのは、その形態が千差万別であることだ。我々は、本は本、コピー資料はコピー資料で括る。つい習慣で、形態が同じものを集めようとする。これが、実は間違いなのである。分類の基本はテーマにある。テーマ別に、関連文献を括るべきなのである。そして、テーマ別に、大風呂敷を使って、本もメモ紙もノートもコピー資料もチラシも、その他論文の抜刷も、全部包んでいくのである。論文や著作を執筆する時は、この大風呂敷の結び目を解けばいいのだ。

自宅の書斎から出て、喫茶店や図書館や大学の研究室で執筆を続ける場合には、大風呂敷の包みを持ち運べばいいのである。いささか古風だが、知的生産には、こういうレトロな手法があることを知っていただきたい。

十四　図書館を使い倒せ

全国には無数の図書館がある。国立国会図書館もあれば、大学図書館もある。公立図書館もあれば、民間の専門図書館もある。これらを使わない手はない。歴史学研究に必要な文献は、このいずれかにあるのだ。最近ではインターネット検索で、いともたやすく、必要としている文献の所在を突き止めることが出来る。所在が分かれば、直接出向いてもいいし、地元の公立図書館を窓口にして、所蔵図書館から相互貸借の制度を使って借り出してもいい。ただし、貴重な文献は応じてくれないこともあるので、注意が必要だ。とにかく、地道な努力を怠らなければ、歴史学の研究に必要な種々の文献を手繰り寄せることは可能なのである。その際に、是非、図書館のライブラリアンを味方にして置くことだ。彼らは、彼女らは使える。優秀な秘書である、と書いたら怒られるだろうか。その能力は、思った以上に高い。

一流の歴史家は、図書館とライブラリアンの使い方を熟知している。青年学徒も、フルに図書館を使い倒せ、そう言いたい。

十五　歴史家が遺した蔵書を活用する方法

歴史家の蔵書が、没後に、遺族によって公共図書館に寄贈されて、独立した特別文庫となるケースがある。こうした文庫は、歴史学の専門家ならではの蒐書とあって、研究に必要な文献や史資料がほぼ完璧に揃っていることが多い。

これを使わない手はない。特に、若い歴史学徒は蔵書も乏しいだろうから、積極的にこの種の文庫を活用していくべきである。

十六　歩く　読む　書くの連続作業

モダン都市研究の先駆者、海野弘の知的生産は、歴史家になる方法としても大いに参考になる。海野の手法は、モダン都市を歩く、古書を含めた関連文献を徹底的に読む、そして書く、の三段階を連続して行なうことである。むろん、読んでから歩くことも多かった。回遊したモダン都市は、東京都内や大阪市や名古屋市など大都市に限らない。仙台市や島根県の松江市など伝統の地方モダン都市もある。世界中の歴史都市にも、探訪の旅に出ている。

彼のように、旅に出て、その眼で文献を読むと行間が読めてくる。研究室や書斎から一歩も出ずに、活字ばかり追っているのとはわけが違う。

だが一方で、文献の蒐集にも年季が入っていて、古本屋にも頻繁に通っていたようだ。一冊の本を書き上げるのに必要な文献を、それこそ何年も何十年も前から集めているのだ。彼は、歩くことに徹し、文献を集めて、読むのでも手を抜かない。海野の本が面白いのは、こんな努力を日々続けてきたからだろう。

海野はこのやり方で、百冊以上の本を書いてきた。彼の本は、大学の研究室にいる、アカデミズム歴史家にはとても書けないものだ。彼らは、海野の著作を持って、街に飛び出してみたらいい。

十七　竹内均の知的生産法に学ぶ

地球物理学者で、東京大学の教員だった竹内均が生涯に著した本は、二百点以上あった。専門の学術書や論文は言うに及ばず、高校生向けの、大学受験用学習参考書や、一般啓蒙書もあって、その旺盛な知的生産は世間の注目を集めていた。

彼は、テレビなどマスコミにも積極的に出演した。東大の先生でありながら、権威主義臭さがなくて、独特の黒縁メガネと笑顔と、カラッとした笑い声で強烈な印象を与えた。世代を超えて、ファンは多かったと思う。これは昭和時代の、モダンな思い出である。

彼が量産型の学者になり得たのには、わけがあった。優れた知的生産法を編み出して、それを忠実に実践していたのである。彼は、こう考えた。学者がなすべきは、究極的には頭の中で考えることである。その思考の内容を原稿に書く（清書する）作業（今ならばパソコンに入力する）は、総て秘書に任せてしまっていい、と。

この思い切ったアウトソーシングを可能にしたのは、昭和後期の時代に流行したテープレコーダーであった。テレコは、昭和時代を象徴する先端機器であった。彼はこの文明の利器を知的生産に取り入れて、効果を上げたのである。

いつでもどこでもテレコを持参して、アイデアや記録すべき事項を吹き込んいく。それを秘書（恐らくは女性）に渡すのだ。秘書はそれを原稿用紙に書いていく。一項目を四百字詰め原稿用紙三枚から四枚にまとめる。それを一個の断片と見做す。最終的には、百個の断片を作るのである。これが、単行本一冊の原稿量になるのだ。断片には、必ず小見出しを付ける（これは竹内の仕事）。

竹内は百個の断片を、関連性を考えて分類し、束ねる作業に入る。すなわち十個の断片を一束にして、それを一つの章にするのだ。こうやって十章を作り、一冊の単行本を仕上げていくのである。

なお、竹内均の知的生産法については、彼が昭和五十五年六月に発表した『私の知的鍛練法』（徳間書店・トクマブックス）に、総てが公開されている。筆者は、この本を参考にした。

十八　戦時下に『暗黒日記』を綴った清沢冽《きよさわきよし》

清沢冽は、日本外交史を専門にする歴史家であり、評論家であった。

彼は戦時下に、日記を書いた。身辺と、社会の出来事を綴るばかりではない。気になった新聞記事を日記帳に張り付けて、問題箇所に線を引いて、解説を付したりした。彼はこれを日々、繰り返したのだが、この日記帳が今となっては大変に貴重な現代史の史料となっている。しかも彼が親しく付き合った学者、出版人、ジャーナリスト、文化人の動きが手に取るように分かるなど、思わぬ発見がある。

清沢の『暗黒日記』は、戦後、活字に起こされた。評論社から三巻本（解説は橋川文三）として、昭和四十五年十月から同四十八年三月に刊行された。また同日記は、別の出版社から、三巻を一巻に合本して出たこともあるが、ここでは評論社本を使うことにする。

彼はそれまでに、この種の日記を書いたことはなかった。始めた動機を、次のように告白している（引用は、昭和十八年十月一日の日記）。

大東亜戦争は非常なる興亡の大戦争也。筆を持つ者が後世のために、何等かの筆跡を残すは、その義務なるべし。即ち書いたことのない日記をここに始む。将来、大東亜外交史の資料とせんがため也。

神よ、日本を救え。

大東亜戦争の興亡の筆跡を残すこと、そしてそれを資料にして、将来に大東亜外交史を執筆すること。これが日記をまとめる理由であった。ただし筆を起こしたのは、いわゆる十五年戦争の初めではない。日中戦争が本格化した昭和十二年七月以降でもなかった。太平洋戦争が始まって一年が経過した、昭和十七年十二月九日であった。最後に綴られた、神よ、日本を救え、の一文が妙に気になる。彼の、冷静な判断力がこう書かせたのだ。開戦一年の段階で、はや日本敗戦が頭をよぎったのかもしれない。

この『暗黒日記』は、前述の通り新聞記事を張り付けた。その記事とは、具体的には『朝日新聞』『毎日新聞』『読売新聞』など、主要全国紙である。新聞記事は、時代の証言者である。

様々な動きが刻まれる。特に、彼には新聞の右傾化が気になった。新聞は、戦争遂行を声高に主張する、右翼知識人の動きを詳細に報道している。頭山満と、頭山を盛んに持ち上げる主要新聞の姿勢に批判を加えている。

彼が付き合っていたのは、長谷川如是閑、室伏高信、千葉亀雄、三木清、嶋中雄作ら自由主義の知識人であった。そうした人々の戦時下の動きも、記載している。嶋中が経営していた中央公論社が、改造社、岩波書店などと共に、言論弾圧（横浜事件）を受けたことにも言及している。

この日記は、様々な利用の仕方が考えられるだろう。世相史、文化史、学芸史、学問言論弾圧史など多面的な利用が可能であろう。我々は今日でも、この日記を充分に活用し切っていないのではないか。そう思うのである。

十九　今　綴られるべき『アベ・ファシズム暗黒日記』

我々は、清沢の生きた時代を笑えない。戦前戦中を狂乱の異常な時代、と軽蔑出来ない。何故なら、今日が新たな暗黒時代になってきたからである。

歴史学に従事する学徒は、今日を「アベ・ファシズム」の時代と規定すべきである。夕刊紙「日刊ゲンダイ」は早い段階から、一面の論説で、果敢に安倍政権への攻撃を展開した。同紙は、戦後憲法を蹂躙する「アベ・ファシズム」の死まで徹底抗戦を止めない。リベラルな三紙『東京新聞』『朝日新聞』『毎日新聞』の論調も、護憲派に勇気を与える。歴史学界も、これらと共闘すべきである。そして、我々は第二、第三の清沢洌となって、様々な『アベ・ファシズム暗黒日記』を書こうではないか。張り付ける新聞記事には、事欠かない。週刊誌も、好材料になる。ラジオの番組にも、メモしておくべきネタが一杯だ。歴史家は、直ちに『アベ・ファシズム暗黒日記』の作成に、取り掛かって欲しい。

第五章　歴史家における独立と在野性

一　歴史学は民衆学芸運動である

歴史家の職業は、実に多彩である。四年制大学に勤める、歴史学関係の教員のみを歴史家と決めつけるのは、早計である。小中高の教員の中にも歴史家はいるし、出版社や新聞社の中にも歴史家はいる。自治体の職員、図書館の司書、博物館の学芸員の中にももちろん歴史家はいる。作家の中には歴史家と呼んだ方がいい人もいる。

歴史家というのは、職業ではないのだ。いや職業化している歴史家はいるのだが、歴史学研究によって十分な収入を得ることが、歴史家の絶対的な条件ではないのである。我が国の歴史学は、こうした広範な人々によって担われてきた。歴史学は蓋し国民運動なのである。一部の専門家のみが従事する、間口の狭い学問ではないのだ。

従って、歴史家の総数は計りようがない。明治期以降に活躍した近現代の歴史家は、十万人を軽く超すだろう。こんな学問は他にない。歴史学は、まさしく国民が主体の、民衆学芸運動なのである。

二　いつも傍流であれ　むしろ学者にはなるな

社会経済史学の視野を持った民俗学者、宮本常一には、二人の師がいた。柳田國男と渋沢敬三である。特に渋沢には多大の影響を受けた。その渋沢が、若い宮本青年に学問を志す者の処世術について話してくれたことがあった。渋沢が開設したアチックミューゼアムに、宮本が入所した時であった。渋沢は数夜にわたって、民俗・民族学関係の学者の系列や性格や業績について教えてくれた。そして、そういう人間的な、学閥的な側面を心得て、学者に接するようにと諭し、「いつも傍流であれ、むしろ学者にはなるな、学者以前の仕事をするように」と説いたという。渋沢に関係したこの種の逸話は、『宮本常一著作集』第五十巻「渋沢敬三」（未來社、二〇〇八年十二月刊）などに出てくる。

含蓄のある言葉である。学者は、中心にいるのではなくて、一歩退いて、周縁にいるべきなのだ。学閥や権力と一定の距離を保って、独立した存在として、真っすぐに歩むべきなのである。このことを、渋沢は宮本に伝えたかったのだ。
宮本の生涯は、渋沢の教えを忠実に守ったものであった。

三　地方史家を歴訪した宮本常一

宮本常一は「歩く巨人」と言われる。確かによく歩いた。歩いて庶民の声を聞いた。だが宮本をそれだけの男にしておいたのでは、彼が怒るだろう。宮本には書斎派の一面があって、よく本を読んだ。農漁村しか行かなかったイメージも強いが、ときには都会に行き古本屋に顔を出した。頻繁に行った古本屋もあったようだ。彼の自伝には、古本好きの一面がのぞく。

全国を探訪して会っていた人物の中には、地方史家が多かった。長崎県の壱岐の山口麻太郎も、その一人である。また宮本には、関西地方の歴史家との付き合いがあって、それが彼の学問の形成に影響している。昭和時代には、全国のあちらこちらに優れた地方史家がいた。その存在を、宮本は熟知していて、どうやら各地方を探訪するたび毎に、そうした地方史家を訪ねたようである。彼は無名の農民や漁民が語る、生の、言ってみれば〝粗削り〟の会話だけを楽しんで聞いていたのではない。地方史家の、学者らしい分析力を加えた「授業」を熱心に学んでいた。聞く耳をもっていた彼ならではの、知的生産法である。

四　骨っぽい歴史家は何処へ

歴史学界から、骨っぽい歴史家がいなくなってしまった。

昭和時代には、そうした頑固で直言タイプの歴史家が一杯いた。代表的な存在が、教科書裁判で、自民党政府を相手に徹底抗戦した家永三郎であろう。彼の思想史学、文化史学、仏教史学、憲法学史に関する業績は他の歴史家の追随を許さない。小説まで発表する、その広さと深さは特筆すべきものであった。彼に、こうした日本史に関する総合力があるから、一人で日本文化史などの通史も、日本史教科書も執筆出来たのだ。

地方史学や在野の歴史家の世界にも、骨っぽい人は沢山いた。信州で、歴史学雑誌『信濃』を発行していた一志茂樹も、その一人である。彼は歯に衣着せない発言で、アカデミズム史学に怖れられた。特に、大学が持つ学閥体質を、彼は一貫して批判した。

江戸学の祖である三田村鳶魚や、人民闘争史学の田村栄太郎や、長崎学の大成者である古賀十二郎にも、歴史学の開拓に生涯を捧げた男の、力強さと壮快さがあった。

筆者が龍谷大学大学院の院生の頃に習った、仏教史家の二葉憲香《ふたばけんこう》にも、近寄り難い古武士のような雰囲気があった。真宗信心に立脚した、社会的な発言も多かった。扱う対象は、靖国問題、信教の自由、部落差別問題など広かった。まさに、闘う歴史家だった。

では、骨っぽい歴史家は何処にいったのだろうか。その多くは既にこの世の人ではない。その後に続く歴史家に、問題があるのではないだろうか。反骨の歴史家が育っていないのである。

左右のイデオロギーに偏することなく、実証主義に重きを置くのは歴史家として当然のことだが、そこに止まっていては好事家の歴史趣味と何等変わらない。歴史家は国家や社会の動きに敏感でなくてはならない。こういう歴史家は、問題意識が自然に鋭くなって、論証も説得力を増していく。発表する論文や著作には、世の中を動かす革新の力が加わるのである。趣味的な歴史学研究にはない、本物の凄みと重厚さが、そこにはある。

五　戦前の地方史学界は群雄割拠の状態だった

かつて長野県松本市を会場にして、地方史研究者の第五回全国大会が開かれた。記念の公開講演を行なったのは、同県の代表的な歴史家である一志茂樹だった。彼は、その講演の中でこんなことを語った。

戦前のことを申しますと、まだまだ各地方に、すぐれた地方史学者がおって、その地方の先達となっておられました。例えば、本県で申しますと、栗岩英治さんと市村咸人さんとがそうです。二人とも明治一一年に生れており、栗岩さんは昭和二一年に六八歳で、市村さんは昭和三八年に八五歳で亡くなりました。今年まで生きておれば百歳になるわけです。二人とも、わたくしの先輩でありましたが、こういう人が信州から出ています。お隣りの新潟県では、さきほども申しましたように、『越佐史料』を出した吉田東伍さんの弟である高橋義彦さんがおりましたし、岐阜県へゆけば、阿部榮之助さん、これは長野県小県郡滋野の出身ですが、『濃尾通史』を著された立派な学者でした。愛知県ですと、伊奈森太郎さん、このかたともわたくしは懇意でしたが、終戦後まで生きておられました。それから伊勢では、大西源一君、この人は私より齢が一つ下ですが、伊勢神宮の研究の権威者で、よくわたくしのところへもやってきましたが、先年亡くなってしまいました。東京では、柴田常恵さん。この人は歴史考古学に専念された人ですけれども、すぐれた地方史家でもありました。また、その後を追って、わたくしより若かったが菊池山哉君。土木出身の硬骨漢で学者には少しも頭をさげない人でしたけれど、面白い人でした。それから、滋賀県では、出身は知りませんが、牧野信之助さん。この人とは、つい面識がなくてしまいましたけれども、『浅井郡史』を始め幾つかの大冊の郡史を著しています。それから愛媛県の景浦稚桃さん。『信濃』とともに長い歴史をつづけている『伊予史談』を出された人です。九州へゆくと、福岡に伊東尾四郎さんがおり、わたくしも両三度お目にかかったことがあります。隣りの群馬県へゆくと、古瓦の研究で有名な丸山瓦全さん（栃木県足利市の出身ですが。）と、『上毛及び上毛人』の編輯者だった豊浦覚堂さん。東北地方では、秋田県の武藤鉄城君など、挙げてくれれば各地に必ずといってよいほど、先達をもって任じている人が居られたのです。わたくしは、それらの人々の大半とは、懇意になって、つきあっていたのでありますけれども、それらの人を大名としますと、それらの人々の下に、地域、地域に拠っていた小名クラスの、いわゆる郷土史家が多かったものです。

そういう在りかたは、もはやどの都道府県でも殆ど見られません。（以下略、『信濃』第三十一巻第三号、信濃史学会、昭和五十四年三月刊）

さすがに一志である。大正昭和時代の地方史学界を生きてきた歴史家だけに、貴重な証言となっている。大名クラスの著名な地方史家を数名挙げて、具体的にその研究活動を紹介している。彼の証言で気になるのは、もはや昭和五十年代には、各地の地方史学の重鎮がいなくなった、と指摘している点である。彼は、別の箇所でこうも言っている。戦後になると、新制大学の歴史学関係の教員たちが、そういう実績のある地方史家に代わって、各地方の歴史世界を掘り起こして、地方史学をリードしている、と。

なるほど年輪を重ねた、ベテランらしい発言である。だが、一志と違った見方も成り立つのではないだろうか。

すなわち、新制大学と戦前以来の旧制大学とを問わず、四年制大学の歴史学関係の学部学科専攻を卒業した若き歴史学徒たちが郷土に帰って、あるいは全国に散って、地道な研究活動を展開して、誇るべき学問業績をあげてきたのではないか。そして、その営みは途絶えることなく今日も続いているのではないか、という見方である。

一方、大名クラスの大物歴史家についても、地方史学の世界から完全にいなくなってしまったのではなくて、今も一定数が存在する、と言えるだろう。独学の在野史家タイプは少なくなってしまったかもしれない。が、新制大学出身のモダンな実力派が絶えず地方史学界に生まれていると判断した方が、現状に合っているだろう。こうした方面の、地方史家分布図を作成してみても、面白い。

小名クラスの郷土史家というのは、どんな人たちを指すのだろうか。一志には、こちらについても具体的に、人物名を挙げて説明して欲しかった。

それにしても、一志の分類法はユニークである。考えて見ると、この分類法は、一志の地元である長野県の歴史家事情を反映したものかもしれない。長野県は旧幕時代、諸藩が入り乱れていた。それを反映するかのように、各地には個性豊かな地方史家が多数いた。群雄割拠と呼べるような状態であった。一志の先輩である栗岩英治や市村咸人などは、大名クラスの歴史家であろう。小名クラスというのは、戦前期に『信濃』の会員となった、県下の教職員を指しているのかもしれない。

いずれにしろ全国各地には、重量感のある看板歴史家と、一般的なレベルの歴史家とが併存していたのである。こうした分野を欠落させた二十世紀の史学史は、やはり不完全と言わねばならない。永原慶二の『20世紀日本の歴史学』（吉川弘文館、二〇〇三年三月刊）は力作だが、一志のような問題意識を持っていたならば、もっと違った史学史が叙述されたことだろう。

牧野信之助について言及すると、彼は京都帝国大学の歴史学者・三浦周行門下の一人である。彼は、京大に残ることなく、関西地区や北海道の自治体史の編纂刊行に生涯を捧げた人物である。

六　学問の師とは適度の緊張関係を持て

歴史学にしろ、その他の学問にしろ、学問を成就させる上で師を選ぶのは重要なことである。だが、師とは適度の緊張関係を持って欲しいし、独立自尊の精神を失ってはならないと思う。食べていくため、仕方なく学閥の中に飛び込んで、下働きをする輩を全面的に否定する気持はないが、それはあくまでも自らの学問を実らせるための方便である、と理解すべきである。もはやこの師の元にいる必要はない、と判断したならば、さっさと去るべきである。そうでないと、師のレベルを乗り越えることは出来ない。

師に対して請求書付き（後継ポストを要求する行為）の下働きをしてはならないし、師たる者も領収書付き（後継ポストをちらつかせる）の下働きを弟子たちに強いてはならない。ただし師からは、学問の影響は大いに受けるべきである。その中から、一つでもいい、二つでもいい、自らの学問の成長にプラスになるような栄養素を吸収したならば、その師についた意味はあった、と考えるべきである。

七　歴史家になるような生活

民俗学者の柳田國男は、朝日新聞社の記者で名随筆家の誉れが高かった杉村楚人冠《そじんかん》を、〈無意識の歴史家〉と呼んだ（ちくま文庫版『柳田國男全集』第三十一巻所収「無意識の歴史家」、筑摩書房、一九九一年二月刊）。

楚人冠自身は、歴史家を気取ってはいなかったし、世間でも彼を歴史家あるいは歴史学者と見做してはいなかったから、こういう呼び方には意表を突かれる。しかも「無意識の」とある。つまり、知らず知らず楚人冠作品は歴史家の域に達していた、ということになる。そうなった理由を、柳田は次の三点にまとめている。

①楚人冠は、最初から文章になるような生活をしている。
②楚人冠は、省筆に心掛けた。
③楚人冠は、皮肉交じりに、明治大正期の因習を罵倒し記述する役割を担った。

なるほど、こう言われてみると、確かに楚人冠は歴史家である。それも在野の現代史家である。だが今日ではそう呼ぶよりも、記録文学の妙手と表現した方が良いように思う。

それはさておいて、一つ一つ柳田の解説を読んでいくことにしよう。

まず、楚人冠が最初から文章になるような生活をしている、という点について。

柳田は「文章で世に立つほどの人は、最初から別にその用意があるものと思われる。わざとでなくとも文章になるように感じまたは思い、むしろ世の中のために文章になるような生活を楚人冠はしている」と指摘する。

そしてこうも書いている。「そっと脇からそのひとりごとを筆記しておいても、立派に読める随筆ができるのではないかと私などは思っている」。独り言を、そばにいて筆記しても、立派な文章になっているとは、いささか誇張があるとは言え、楚人冠恐るべしである。柳田にそこまで称賛されるのだから、彼はもはや文章道の達人である。

二番目の省筆について。「もちろん腹で思っているよりも、書いたものの方がずっと短い。そうして楚人冠の省筆は、巧妙というより以上に実に自然である。学んで得たろうとはとうてい思われぬから、つまりはこの順序で心の底から出て来るのを、よいほどに切っては並べているのである」。この省筆の部分は、最初から文章になるような生活をしている、ことの説明に含まれるものである。心の底から出て来る文章を、ほどよく切っては並べているのが、楚人冠流の文章術なのである。だらか正確に言えば、彼には省筆の苦労など存在しないのである。

三番目の、明治大正期の因習を罵倒し記述する手法について、柳田は以下のように書いている。「その笑わるる平凡、憎みさげすまれる因習などというものが、思ったより短命なもので、また誰もそのために記録を遺そうという特志家はない。我々は幸いに杉村君の罵倒によって、多くの明治大正の愚かさの存在を学び得るのである」。

そして、柳田はこの歴史家楚人冠論を以下のように締め括っている。「歴史を書こうとせずしてこれが歴史、伝記をきらいながら自然にある一つの価値ある生涯を不朽にしている。ろくな意見もないくせに、是非を百年の後昆《こうこん》に問うなどと、面白くも何ともないものをだらだらと書いている連中は、急いでこの無意識の歴史家の前に脱帽するがよいのである」。

後昆とは、後世の人という意味である。柳田は、「歴史を書こうとせずしてこれが歴史」とまで楚人冠を褒める。歴史家を志す者は、楚人冠流を学ばない手はない。ただし、筆者に言わせれば、楚人冠流文章術は、一流のジャーナリストなら誰でも獲得しているものである。パソコンが登場する前の、旧時代の話で恐縮だが、昔の記者は、夕刊の締め切りが迫っている時などに、公衆電話のある場所に走って行って受話器を手にとって、本社編集部の社員を相手に記事を読み上げたものである。練り上げられた文章ではないかもしれないが、合格点は十分にもらえる記事内容である。

この電話を使った読み上げ送信を、確か「かんじんちょう」と言ったと思う。間違っていたら、ご容赦願いたい。柳田が、楚人冠流文章術の特色として挙げた第一と第二の項目は、この「かんじんちょう」のことではないだろうか。

かかる卓越した文章術は、ジャーナリストだけが獲得するものではない。その他の、知的生産を反復して行なう職業の人々に等しく見られる「匠の技」である。歴史家も、その範疇に入るであろう。若い頃から歴史家を志して、歴史家に必要な種々のトレーニングを地道に行なっておれば、知らず知らず歴史家らしい洗練された文章が頭の中に浮かんできて、原稿がすらすらと書けるようになるのである。

第六章　歴史家の蒐書と探書

一　学問発展の陰に古書古典籍業者あり

歴史家にとって文献を蒐集することは、仕事である。そもそも文献がなかったならば、歴史学は成り立たない。歴史家にとって、文献は絶対不可欠の、重要な要素である。

多くの人は、文献と聞いて、古文書を思い浮かべるかもしれない。だが文献は、多種多様である。明治期以降に限っても、洋装印刷本、官報、新聞、号外、雑誌、小冊子、チラシ、パンフレット、ミニコミ、手紙、はがき、日記、写真、絵葉書、手書き原稿、映像資料（フィルム、マイクロ）などがある。場合によっては貨幣、石碑、墓標などを含めてもいいだろう。

全国各地にある図書館、美術館、歴史館、博物館、民俗資料館、公文書館、史資料館、

作家（学者、思想家）記念館は、かかる文献類を蒐集し保存することを任務としており、近年における、その館数の増加と内容の充実ぶりには、目を見張るものがある。だが、日々生まれる文献の種類は多様であり数も厖大である。加えて、新たに発見される貴重な古文献類も少なからずあって、これら専門機関に全てを頼り切るのは、心配である。

そこで登場してくるのが、古書古典籍を商う専門業者である。世間では古本屋とか古書店とか呼ばれている。もしこの業界が存在しなかったならば、近現代日本の、人文社会科学を中心にした諸学問は今日のような発展を遂げなかっただろう、と思われる。まさしく学問発展の陰に、古書古典籍業者あり、と言わなくてはならない。

古書古典籍業者がその数を伸ばして、存在感を高めたのは大正昭和前期モダニズムの時代である。西暦では一九二〇、三〇年代の二十年間に当たるだろう。この時期にはあらゆる学問が急速に発展して、爛熟期を迎えていた。古書古典籍業界の発展と、我が国の学問の発展は符合するのである。

二　全国に点在する歴史家、作家、学者、思想家、愛書家を可視化した蒐書家名簿

筆者の手元に、箱入りで横長の書物がある。日本古書通信社が昭和十三年に発行した

『日本蒐書家名簿　昭和十三年版』である。この名簿は、大正昭和前期モダニズムにおける、学問の爛熟を示す物証と言えるだろう。

この名簿には数多くの歴史家（地方史家、郷土史家も少なくはない）、作家、学者、思想家が登場してくる。それを、まず紹介しておこう。むろん彼らが何を蒐書、探書の対象にしていたかも、併せて記載することにする。その対象分野の表記は、同名簿に従った。表記は統一性に欠けるが、そのままにした。

○高倉新一郎（札幌市）　北海道アイヌ
○中村吉治（仙台市）　農村経済史
○庄司吉之助（福島市）　社会経済
○丸山瓦全（栃木県足利市、足利考古学会）　歴史、考古学
○住井すゑ子（茨城県牛久村）　文学
○矢吹慶輝（東京市瀧野川区）　西域関係書、仏書
○早川孝太郎（東京市豊島区）　郷土史、社会、経済
○船橋聖一（東京市淀橋区）　明治文学史
○辻善之助（東京市淀橋区）　歴史、美術

○田村栄太郎（東京市葛飾区）　伝記、経済史
○森銑三（東京市本郷区）　近世の人物に関する資料、私刻の小冊子類
○小野秀雄（東京市本郷区）　新聞発達関係書類
○宮武外骨（東京市本郷区）　明治文化資料
○細川護立（東京市小石川区）　美術、法制史、古写本
○西岡虎之助（東京市小石川区）　史学、荘園制度
○石橋湛山（東京市日本橋区、東洋経済新報社）　財政経済
○土師清二（東京市四谷区）　県史、市史、郡史、町史類
○渋沢敬三（東京市芝区）　社会経済史、水産、民俗
○三坂圭治（東京市芝区）　郷土史
○斎藤茂吉（東京市赤坂区）　柿本人麻呂に関するもの
○三村清三郎（東京市赤坂区）　古書、古代の日本画、燐票
○三枝博音（東京市赤坂区）　日本思想史、宗教、哲学思想史
○吉川英治（東京市赤坂区）　歴史、美術
○平尾道雄（東京市渋谷区、山内侯爵家編纂所）　郷土史
○中山伊知郎（東京市渋谷区）　産業構造の変遷と失業

○大藤時彦（東京市渋谷区）　地誌
○細川亀市（東京市中野区）　法制史
○三田村鳶魚（東京市中野区）　江戸関係
○幸田成友（東京市杉並区）　経済史
○比嘉春潮（東京市杉並区）　郷土史、琉球関係
○並木仙太郎（東京市品川区）　歴史
○徳富蘇峰（東京市大森区）　古版本、古文書
○翁久允（東京市大森区）　仏書、書画、碁
○羽仁五郎（北多摩郡久留米村南澤学園）　歴史、社会史
○村川堅太郎（神奈川県藤沢町）　西洋史
○長沢規矩也（神奈川県葉山町）　唐本、戯曲小説類
○富士川游（神奈川県鎌倉町）　医学史
○高橋誠一郎（神奈川県大磯町）　浮世絵、経済
○暁烏敏（石川県出城村）　宗教、哲学等、思想方面全般
○本庄栄治郎（京都市左京区）　社会、経済
○九鬼周造（京都市左京区）　哲学

○西田直二郎（京都市左京区）　史学
○中村直勝（京都市左京区）　史学
○鈴木大拙（貞太郎）（京都市上京区）　仏書
○牧野信之助（京都市上京区）　史学
○牧健二（京都市上京区）　鎌倉室町時代に於ける社会制度
○絲屋壽雄（京都市上京区）　幕末・明治史及自由民権史
○新村出（京都市上京区）　南蛮関係、歴史
○杉浦丘園（京都市中京区）　伝記、人類、民族
○明石染人（京都市東山区）　染織、民俗
○大谷光瑞（京都市下京区）　仏書
○宮崎圓遵（京都市下京区、龍大専門部）　仏教（特に中世に於ける仏教の庶民教化）
○禿氏祐祥（京都市伏見区）　書誌、仏教
○佐古慶三（大阪市住吉区）　大阪郷土資料
○中山太一（大阪市浪速区）　仏書
○南木芳太郎（大阪市西成区）　地誌、民俗、上方郷土に関するもの
○栗田元次（広島市）　古地図、古活字本、稿本、旧鈔本、史書、武鑑、地誌

○伊東尾四郎（福岡市）　郷土史
○長沼賢海（八幡市）　史蹟、伝記
○山口麻太郎（長崎県壱岐）　社会、経済
○瀧川政次郎（満州・新京義和路代用官舎）　特に記載なし

以上、六十一名を紹介した。この他にも記載すべき人物は多いが、この辺で止めておく。書き出した名前を見ても分かる通り、それぞれの分野で著名な人たちだけに、蒐書、探書の対象にも各々の専門性が現れていて興味深い。加えて、どう見ても、これは趣味で蒐集しているのかな、と思わせるものもあり、想像するだけで楽しい。

三　『日本古書通信』に掲載された名簿販売広告

名簿の発行元である、日本古書通信社は『日本古書通信』第百八号（昭和十三年九月十三日発行）の、裏表紙に一頁全面広告を掲載した。この広告からは、いささか誇張した表現ではあるものの、名簿発行後に大反響があった様子が感じ取れる。貴重な文章なので、その広告文を紹介しよう。

日本古書通信社編輯部編　　　註文殺到!!　収載三千名!!

『日本蒐書家名簿』

四六判　　横綴　布製

定價　　三圓五十錢

日本古書通信讀者に限り　特價三圓

送料　十錢

御求めになりましたか?

「どこ」の「誰」が「何を」蒐めてゐるか?

『日本蒐書家名簿』は日本古書通信社が三年の日子と莫大な費用を投じて、有名無名凡ゆる蒐書家、研究家から直接ハガキ回答を頂き、或は各種學術團體を調べたり、圖書館、學校、研究家等から推薦して頂いて、苦心厳選した三千餘名の蒐書家を、府縣別、五十音順に分類し、住所氏名、蒐書科目、研究事項を編輯掲載したものです。

古本販買の合理化!!　無駄彈の排除!!
本書一冊ですべてが解決されます。
賣切れぬ内に即刻御申込み下さい。

この広告文を読むと、名簿発行の目的が古書古典籍販売の合理化にあったことが分かる。「無駄な弾丸を排除」する上で効果絶大とは、キャッチコピーとして、上手な言い方である。確かに何も買わない、買いそうにない客に対して、販売目録を送付することは無駄である。むろん客が興味も関心もない分野の販売目録を一方的に送っても、反応は鈍いだろう。そのことが、日頃から、古本屋の店主にはよく分かっていたから、こういう類の名簿は何がなんでも欲しいのだろう。業界からの反響が大きかったのは、当然と言わなければならない。

ただし、古書古典籍の業者だけが、この名簿を注文したとは考えにくい。全国各地に暮らす歴史家、作家、学者、思想家、愛書家などからも相当数注文が来た、と察せられる。この『蒐書家名簿』は同学の徒や同系の趣味人を可視化して、ネットワーク化する効力を発揮して、彼らを強力に結び付けたのではあるまいか。そして、全国各地で歴史学雑誌を主宰し発行する有力者たちは、これを利用して、書き手を探して原稿執筆の依頼を繰り返したのではないだろうか。大正昭和前期モダニズムにおける学問発展に、かかる名簿が意外に力を発揮したことが、容易に理解出来る。

四　史実の宝庫である三田村鳶魚日記

では、紹介した六十一名の人物の中から三田村鳶魚、森銑三、本庄栄治郎の三名を例にとって、具体的に蒐書、探書の実態を見ていこう。まず江戸学の祖と位置付けられる三田村鳶魚の場合である。

鳶魚は、上野の帝国図書館や日比谷図書館や早稲田大学図書館などを利用することが多かったが、古書店との付き合いも密で頻繁であった。中でも、下谷《したや》御徒町《おかちまち》の吉田書店にはしばしば出掛けて、江戸時代の古書を多数購入していた。同店の店主、吉田粂治とは商売を抜きにして、日頃から付き合いがあり、東京市内で起こった諸々の出来事を話し合っていた。その他、浅倉屋にも足を運んでいた。

古書即売展にも出かけた。執筆に必要な文献を、まとめ買いすることも多かった。例えば大正十三年十二月二十日に東京市内で催された「古書籍陳列会」では『近世諸家奇談』など、九点を購入している。この話は、『三田村鳶魚全集』第二十六巻「日記（中）」（中央公論社、昭和五十二年五月刊）に出てくる。『近世諸家奇談』の値段は五十銭とある。鳶魚はこの本が気に入ったと見えて、同月二十四日の日記には「近世諸家奇談読了。大名の話に頗る面白きものあり」と記述している。この『奇談』は、彼の著作に引用されたことがある。『全集』第五巻所収の「加賀騒動」（初出は雑誌『日本及日本人』昭和十五年一月号から翌年七月号まで掲載された連載「実説　加賀騒動」である）には、かなりの分量が引用されている。

鳶魚においては、蒐書は単なる楽しみではなかった。江戸学を構築していく、重要な知的作業であった。大量の古書を読み込んで、厖大な著作をなしたのが、彼の人生であった、と言うべきである。

さてここで、大事なことを指摘しなければならない。それは、これまで鳶魚日記が歴史学にしろ国文学にしろ、広く学界において使われることがなく、放置ないし無視されてきたのではないか、という疑いである。この日記は、史実の宝庫である。昭和モダニズムの躍動を伝える第一級の史料である。

鳶魚日記は、徳富蘇峯、内田魯庵、長谷川如是閑といった、蒐書家にして第一級の知識人たちの動静をリアルに伝えてくれる。そればかりか、子母沢寛、土師清二、長谷川伸、吉川英治ら新興の大衆文学作家たちの事細かな動きまで書き残している。この方面の研究者には、必読の内容となっている。

その中に、こんな逸話が綴られている。山梨県出身で、同県関係の史料を生涯に二万点以上蒐集して「甲州文庫」を設立した功力亀内《くぬぎきない》が、同郷の先輩である鳶魚の屋敷を訪ねてきた。昭和五（一九三〇）年の春のことである。功力は鳶魚に、「甲州文庫」の蒐書目録を見せた。それに一通り目を通した鳶魚は、文庫の充実ぶりに感心して、同県出身の財界人である根津嘉一郎を訪問してみたらどうだ、と提案した。

鳶魚は、根津の側近とおぼしき人物に紹介状を書いて渡した。後日、功力は自慢の郷土関係史料を持参して根津のもとを訪れて、売り込みに励んだという。しかしその値段が法外に高かったので、十分の一以下に値切られたらしい。鳶魚も、その顚末を聞いてすっかり呆れてしまった。

鳶魚は記録魔である。いろいろな事柄を日記に書き残している。出版界の動きも手に取るように分かる。当時、多種多様な雑誌が創刊されたが、鳶魚にはそれら雑誌社から原稿の執筆依頼が殺到した。彼は売れっ子だったのである。発見が多い、面白い日記である。

五　図書館利用の達人　森銑三

昭和時代に活躍した歴史家に、森銑三がいる。

森の専門は、江戸期の文芸史学であった。むろん、明治文化史にも精通していた。彼は、江戸時代を生きた学者たちを取り上げて、論文や評論や随筆を執筆した。それらをまとめた単行本の数も多い。今日、森の知的生産は、中央公論社から出ている正続の『著作集』に収まっている。彼の生涯を知るには、柳田守『森銑三　書を読む〝野武士〟』（リブロポート、一九九四年十月刊）がいい。この伝記を読むと、森が決して社会的に経済的に恵まれた立場の学者ではなかったことが伝わってくる。

さて『蒐書家名簿』に、彼の名前が掲載されていることに、筆者は違和感を覚えた。彼は蒐書家というよりは探書家ではなかったか、と反論したくなったのである。森銑三の書物や学問に関する基本的な考え方を知るには、彼と柴田宵曲の二人が著した『書物』（岩波文庫、一九九七年十月刊）を読むのが一番いいだろう。

この本の前半部分「甲篇」は、森が執筆している。その中の「流布本と珍本」の章で、彼は次のように書いている。

私は書物の蒐集家ではない。強いて名を附けるなら利用家とでもいうべきであろうか。どこかに珍本はないか、その所在を知りたいと常に願っている。そして知り得た珍本は、何か私の求めていることは出ていないか、第一にその点を知ろうとする。そしてその書に拠って始めて知った事実を自由に発表することを許されるならば、私はそれを以て満足する。強いてその書物を自分のものにしたいとは思わない。だから図書館にあることの分っている書物は大抵は買わない。所有慾というものが存外乏しいのかも知れない。

これを読めば、明確であろう。森銑三という歴史家は、蒐集家の範疇に入れるべきではないのである。それよりは彼自身が名付けている通り、書物の「利用家」と呼ぶべきであるし、さらには、各地の図書館を巡って貴重な書物を探し回る「探書家」とでも呼ぶべきなのである。

彼の目的は、珍しい書物を独占することではなかった。それよりも、誰も知らない歴史上の事実を書物の中に発見して、それを多面的に考察して原稿にまとめていくことであった。この学者らしい探求心があればこそ、膨大な著作の山が残ったのである。

ところで、彼には『近世人物叢談』(大道書房、昭和十八年八月刊)がある。この本で、彼は書物購入にまつわる荻生徂徠の豪気な所業を紹介している。

江戸時代中期を生きた、備前（岡山県）の儒学者、湯浅常山は『常山紀談』の作者として有名であるが、その彼に『文会雑記』という作品がある。この作品に、徂徠の逸話が出てくる。森はそれを要約して紹介する一文で、徂徠の大胆さと、その中に近代的な知的生産の方法論が芽生えていることを認めて称賛するのである。

では、その逸話を紹介しよう。質屋に出た、とんでもない代物が話の中心である。貴重な文章なので、要約することなく『近世人物叢談』の原文をそのまま紹介したい。引用するのは「徂徠と春臺」の章である。

しかし徂徠は、立身出世の手段として學問をしたのではなかった。ある時、某藏書家の書物が一庫六十兩で質物に出たと聞いて大いに喜んで、衣類から、道具類から、殆ど一切を賣拂って、家中を空にして、それでもなほ足らぬところは人から借りて、その一庫の書を買取った。

湯浅常山は、こうした徂徠の行動を「誠に豪傑の仕業なり」と『文会雑記』に書き、とても私（常人）の真似出来る所ではない、と嘆賞している。森も、同じ考えを持ったのではないか。一庫六十両の蔵書がどの程度の規模なのか、具体的な本の冊数が記述してないので何とも言えないが、今なら小さな公立図書館の蔵書規模に相当するのではないだろうか。敢えて言えば、総冊数が何千点ということはないだろう。二万点は下らないはずである。

大体、蔵書家の蒐書は専門的で系統立っていて、学問を志す者には使い勝手がいい。読むべき必須文献が、集まっている。無駄な蒐書活動がいらない。長い目で見て、時間と金銭の節約になるのである。知的生産性が高まるのは、間違いない。こうしたことが分かっていたから、徂徠は借金までして蔵書の一括購入を決めたのである。徂徠は単なる豪傑ではなかった、智恵のある近代人であった、と言うべきであろう。

森がこの逸話を『近世人物叢談』に紹介した理由も、この辺にある。図書館が有する生産性、近代性を徂徠が熟知していたことが、嬉しかったのである。さすがに徂徠だ、並の学者とは違う、と合点したのであろう。

森は、書物の「利用家」「探書家」と呼ぶべきであると書いたが、より正確に表現するならば「図書館利用の達人」と呼ぶべきである。彼は、どこの図書館にどんな文献が所蔵されているかを知るために、まず種々の図書館所蔵目録を調べた。そして、これは読んでおくべきだ、目を通して書き写しておくべきだ、と判断したならば、その図書館に飛んで行って閲覧を申し出るのである。こうやって各地の図書館通いを繰り返して、その結果大量のメモ紙がたまっていった。彼は、多数の紙袋を用意して、それらを分類整理して入れていった。そして、原稿執筆時に使ったのである。探訪した図書館は、上野の帝国図書館など、全国各地にわたった。

森ほど、図書館行脚の面白さとその有用性を、知り尽くした歴史家はいなかったのである。

六　本庄栄治郎は佐田介石の研究家

京都大学や龍谷大学などで教えた経済学者の本庄栄治郎は、幕末明治期の怪僧・佐田介石の研究家であった。介石はランプ亡国論などを唱えて西洋化に抗った、反動の国粋主義思想家と位置付けられる。介石の研究家には本庄の他にも、民本主義の政治学者で、宮武外骨らと明治文化研究会を設立した吉野作造、昭和モダニズム期に仏教革新運動を実践した浅野研真、近代日本の新聞発展史を研究した小野秀雄、仏教学者の木村泰賢がいた。谷本富、瀧本誠一、内田魯庵、加田哲二にも、関連の論考がある。

今日では、佐田介石の研究はあまり盛んではない。だが、グローバリズムが過度に喧伝され、それに乗り遅れると日本はガラパゴス化してしまうなどと、いささか理性を欠いた、偏向的な議論が展開される中にあって、佐田介石の研究はかえって有用であろう。介石イズムは、ゆるやかな自生的近代化が進展しつつあった「江戸近代」を母胎にして、育まれたものである。「国粋主義の保守反動家」というレッテルを貼って済まされる代物ではない。

本庄が介石研究を一冊の著作にまとめて世に問うたのは、昭和十六年十二月のことであった。太平洋戦争が開戦した、直後のことである。日本評論社から、明治文化叢書の一冊として出版された『佐田介石　社会経済論』がそうである。彼は、この本の解題を担当していて、介石研究の歴史から、介石の全体像まで詳細に論じている。

序文で彼は「私が最初に佐田介石に関する研究を公にしたのは、昭和三年十一月のことであって、当時各地方の郷土史家に対して、其の地方における介石の結社や運動に関する史料を求めたが、十分なる結果は得られなかった。爾後十数年の歳月が流れ、諸家の介石研究が現はれ、その研究は一段の進歩を遂げたことと考えられる」と書き、なかでも浅野研真の仕事を評価して、浅野が死去して、彼が取り組んでいた『佐田介石全集』の編纂刊行が実現しなかったことは実に惜しむべきである、と綴っている。

文中に、各地方の郷土史家に対して、その地方における介石の結社や運動に関する史料を求めたとあるが、これは介石研究にかける本庄の情熱を物語るものである。

介石に関する史料で言えば、戦後における自治体史の編纂刊行で新しい史料が発掘されて新事実が判明しているかもしれない。改めて、地方史家を総動員して『佐田介石全集』の編纂刊行が計画されて然るべきであろう。そして現代的な視点から、介石の総合的な研究がなされなければならないだろう。

七　歴史家に通じる古本屋のおやじ

いわゆる古本屋のおやじ、という存在は、愛想がなくて、寡黙で、どこか世捨て人のような雰囲気を持っている。普通の企業人が身につけているサービス精神などとは縁がない人たちである。だが、これは学者や歴史家に通じる態度である。この業界の人たちに特有のものと考えるべきではない。

この無愛想な態度は、古書や古典籍に接しているから、醸成されてくるものである。これら文献が読む者を圧倒して沈黙にし、世辞で装うなど無価値だと悟らせるのである。ちなみに歴史のある大学の、それも文学部の教員たちの研究室を訪れてみて欲しい。そこには、古本屋のおやじが座っているはずだ。いや、おやじと同じような雰囲気を持つ教員が静かに耽読しているはずである。筆者は常々、〝書気〟というものが存在するのではないか、と思っていた。この世には、確かに〝書気〟を放つ人がいるのだ。古本屋のおやじは、愛想はないかもしれないが、学者や歴史家のような〝書気〟を四方に発散させている生き物である。

もっとも最近では、ブックオフのように、企業化された新古本業者が勢力を拡大して、〝書気〟など感じさせなくなってしまった。まるでスーパーマーケットに買い物に行った時のような、味気ない棚が並んでいて、すぐに外に出たくなる。書棚に、落ち着きがないのだ。古本屋の棚のように精選された形跡がないし、主張がない。確かに棚の入れ替えは、早い。本を生鮮食料品のように扱っているからだ。鮮度は保たれるかもしれないが、これでは〝書気〟は消えてしまう。

八　東大卒の古書古典籍業者　反町茂雄

古本屋のおやじの中には、筆まめで著述を得意とする人たちか少なからずいる。その代表格として古書古典籍業者「弘文荘」の店主、反町茂雄を挙げないわけにはいかないだろう。反町は日本歴史学会編『日本史研究者辞典』（吉川弘文館、平成十一年六月刊）にも、歴史家として登場するほどの人物だ。その業績は多岐にわたるが、筆者が推奨したいのが自伝的な回想録『一古書肆の思い出』全五巻（平凡社、一九八六年〜九二年刊）である。この回想録は昭和モダニズムにおける出版文化史と学芸史を知るには格好の歴史資料集である。社会の動きもよく分かる。今後とも長く、歴史家の間で引用文献として使われていくことだろう。筆者は、この回想録に出てくる歴史家たちの逸話が面白かった。歴史家たちが、反町との取り引きに見せた素顔に、笑ったり共感したりと、実に楽しかった。

上記の『日本蒐書家名簿』にも、反町が商いを通して付き合いのあった人たちが、多数記載されている。例えば、大蒐集家の徳富蘇峰がそうである。その他、この名簿に登場する国文学者、歴史家、仏教学者、新聞人の中には、反町の顧客であった人たちが沢山いる。こうした交流を軸にして、蒐書の生態を織り込んだ現代学芸史が叙述出来ることだろう。

反町は、新潟県長岡市の出身である。明治三十四年八月二十八日に生まれた。彼は驚くべきことに、東京帝国大学法学部政治学科を卒業している。神田神保町の一誠堂に店員として勤務し、その後独立して、古書古典籍業の「弘文荘」を設立した。平成三（一九九一）年九月四日に没している。九十歳であった。著作は、回想録『一古書肆の思い出』全五巻の他にも、多数ある。『日本の古典籍　その面白さ　その尊さ』（八木書店、昭和五十九年四月刊）が代表作か。

なお、彼は店舗を持たず、古書販売目録を定期的に発行して営業していた。目録名は『弘文荘待賈古書目録』といった。昭和八年六月に創刊号が出ている。昭和五十一年一月に、終刊の第五十号を発行して区切りとしている。また通常の目録とは別に、古文書、自筆本、敬愛書などを特集した特別目録を作成している。

これら多数の目録は、書誌学者、国文学者が研究対象にするほどの質の高さであった。在野の国文学者であった横山重は、目録が弘文荘から郵送されてくるのを楽しみにしていた。同様の思いで、目録の到着を待っていた学者、歴史家、知識人、愛書家は多かったことだろう。

反町の、学界に対する貢献度は極めて高かった、と言うべきである。

〔第三部〕歴史学雑誌の世界

第七章　大学とその周辺の歴史学雑誌

一　歴史学雑誌は歴史学の最前線

歴史学の世界には、多種多様な雑誌がある。近代歴史学の草創期である明治前期から百四十余年にわたり、歴史学雑誌は存在した。これまでに誕生した歴史学雑誌の総数は、千誌をはるかに越えるだろう。ただしこの数字は、専門性に富む学術雑誌に限定した、狭義の解釈による算出である。

これに、例えば『日本及日本人』『改造』『日本評論』『中央公論』『解放』『世界』『文藝春秋』『知性』『思想の科学』（これらの中には、既に姿を消したものもある）など一般誌、総合雑誌まで拡大した場合には、もっと数字は増えていくし、さらに周辺誌や学際誌まで広げると、当然のことながらその数は一気に増加していく。

今日、歴史学雑誌を分類してみると、まず①大学の歴史学関連の学部学科専攻コースから発行される紀要類がある。②出版社が発行している商業誌、ＰＲ誌がある。③個々の大学から独立した横断的な学会から発行されている学術雑誌があるし、④地方自治体が自治体史の編纂事業の一環として発行する研究雑誌がある。⑤国立の専門研究機関から発行される重厚な作りの学術雑誌もある。⑥在野の有志が集って、学会や研究会を組織して発行する雑誌もある。この中には、趣味色豊かな同人誌のようなものもある。さらに⑦個人が独力で発行する研究雑誌もある。この場合、研究テーマを狭い範囲に限定したものが多い。例えば、思想家や学者など人物に焦点を当てる、といった具合だ。そして⑧全国各地に戦後誕生した、公文書館、博物館、美術館、図書館、各種の記念館が発行する館報、紀要、会報類がある。こちらも、見逃せない立派な歴史学の発表媒体である。

いずれにしろ、歴史学雑誌は歴史学の最前線である。歴史学が躍動する現場そのものである。本章では、昭和二十年代から同五十年代までに創刊された雑誌を中心にして、その魅力的な世界を紹介してみたい。この昭和戦後期は、大学の総数が増加して、各種の歴史学雑誌が急増した時代である。それら雑誌は、歴史学徒や国民の知的財産である。

二　大学の歴史学雑誌

大学から発行される歴史学（考古学を含む）関連の雑誌を知ろうと思ったら、日外アソシエーツから出ている『歴史学紀要論文総覧』（二〇〇七年九月刊）が参考になる。収録されているのは、八十九大学の二百九雑誌であり、総冊数は四千四百十一冊、総論文数は二万六千百三十点である。とにかくこの『総覧』は重い。堅牢なつくりだ。定価が六万円以上もする。二、三世紀先まで学問業績を伝えていこうという気概を感じる。この目録を読むだけで、問題意識を刺激される。

そこで、日外版『歴史学紀要論文総覧』や、日本歴史学会編『地方史研究の現状』全三巻（吉川弘文館、昭和四十四年九月刊）、地方史研究協議会編集『日本史研究総覧』（柏書房、一九七七年八月刊）、同協議会編集『日本史文献年鑑 '78』（柏書房、一九七八年三月刊）、出版年鑑編集部編『日本雑誌総覧』（出版ニュース社、昭和六十二年十二月刊）、『日本史関係雑誌文献総覧』上・下巻（国書刊行会、昭和五十九年四月刊）を参考に、歴史学雑誌を見ていこう。

まず、大学から発行されている歴史学雑誌（日本史関係）を取り上げる。その後に、全国の研究者・教育者が参加した、横断的な総合歴史学会の機関誌と、国立の歴史学系研究機関から出ている紀要類を紹介する。ただし該当する雑誌は意外に多くて、多彩である。歴史学は日本史、アジア史、東洋史、西洋史、アフリカ史、中東史、南米史など広大な研究領域を有している。まして考古学、政治学、経済学、民俗学など隣接する諸学問まで包含すると、一大学問体系を形成することになり、世界に誇る、惚れ惚れとした知的世界を現出することになる。かかる知的豊饒から生まれてくる歴史学雑誌は、一点一点がそれこそ宝である。わけても、大学の歴史学雑誌はその中核的部分を形成する、いわば屋台骨である。

大学から生まれる歴史学雑誌は、多種多様である。各大学を代表する看板論集から、学生・院生が主体となって創刊された紀要、本来ならば地域の歴史学雑誌に含めるべきであるが、事務局を長く大学内に設置している関係から大学発の研究誌と見做された雑誌、大学内の研究所から発行されている専門的な紀要まで、その誕生の経緯と性格はまちまちである。

従って、一大学に一誌のみ、という図式は成り立たない。一大学で、複数の発表媒体を有している場合も決して珍しくないのである。歴史学の学部学科専攻コース開設以来、学問的な積み重ねがあって、恒常的に優秀な学生、院生、教員が存在する大学では、様々な歴史学雑誌が発行されてきた。

以下に紹介するのは、そうした大学の歴史学雑誌の、ほんの一部分である。前述したように、昭和戦後期に誕生したものが、大半である。おおむね発足当時の誌名で記す。紙幅には限りがあるので、ここでは史学史上見逃せない雑誌を取り上げることにした。ただ単に、羅列するだけでは味気ないので、関連情報を加味して紹介したい。

なお、国立大学の歴史学雑誌の中には、安倍極右政権の愚かな文教政策によって、廃刊に追い込まれる所が出てくるだろう。同政権は、国立大学改革に名を借りて、いわゆる文系（教員養成系学部、人文社会系学部）不要論を鮮明にして、関係学部を圧殺する暴挙に出た。これは、学問弾圧そのものである。その、直接の被害を受ける学部の中には、歴史学の学科専攻コースも含まれている。当然これらと密接不可分な関係にある、歴史学の学会・研究会・研究機関が改廃の危機に直面するものと思われる。

この事態は、それらが発行する、歴史学雑誌の生死に直結する。国立大学の歴史学雑誌の一部は、会員と運営資金を維持することが困難になって、廃刊したり、他の大学内紀要との合併を選択せざるを得なくなるであろう。

国立大学がこの学問の危機をいかにして乗り越えていくか、注目していきたい。

三　敗戦後の混乱の中で誕生した岩手史学会

まず北海道・東北地区から始めたい。地域に密着した国立大学の学会活動が目立つ。

○北大史学会（北海道大学）　『北大史学』
○北海道教育大学史学会　『史流』
○弘前大学国史研究会　『国史研究』
○弘前大学人文学部　『同文経論叢』
○秋田大学史学会　『秋大史学』
○岩手史学会（岩手大学）　『岩手史学研究』
○山形史学研究会（山形大学）　『山形史学研究』
○国史談話会（東北大学）　『国史談話会雑誌』
○東北史学会（東北大学）　『歴史』
○日本思想史学会（東北大学）　『日本思想史学』
○宮城教育大学歴史研究会　『宮城史学』
○東北学院大学文経法学会　『同論集　歴史学・地理学』

○福島大学史学会　『福大史学』

岩手史学会の機関誌『岩手史学研究』は、昭和二十三年九月に創刊された。昭和三十年九月発行の第二十号記念号で、森嘉兵衛は「本誌第二十号を迎えて」と題して、次のように書いている。「昭和二十三年、終戦後の混乱が未だおちつかない頃であったが、数人の同志が集って始めた岩手史学会が、年を歴ること八年、機関紙を発行することここに二〇号を数えるにいたった。全国各地の研究団体を結合する地方史研究協議会によれば研究団体は現在百ほどあるが、二〇号の機関紙を終戦後発行したものは稀有であるという」。

歴史学研究に燃える同志数人が集って始めた学会は、大きく育ったのである。同号には会員名簿が掲載されている。会員数は三百名に迫る規模になっており、小中高の教員になって研究生活を続けている者が多い。

四　法政大学文学部日本史研究室が編纂した『日本人物文献目録』

次に、北関東・甲信越および東京圏の一部である。

○宇都宮大学史学会　『宇大史学』
○茨城大学人文学部　『同紀要（社会科学）』
○筑波大学（歴史・人類学系）『同大学先史学・考古学研究』
○筑波大学日本史談話会　『日本史学集録』
○千葉歴史学会（千葉大学）『千葉史学』
○新潟史学会（新潟大学）『新潟史学』
○信州大学教育学部歴史研究室　『信州史学』
○信大史学会（信州大学）『信大史学』
○一橋学会（一橋大学）『一橋論叢』
○東京大学史学研究会　『史学論叢』
○東京大学新聞研究所　『同大学新聞研究紀要』
○東京大学史料編纂所　『同大学史料編纂所報』
○東京大学社会科学研究所　『社会科学研究』
○東京大学大学院人文社会系研究科・文学部日本史学研究室
『同大学日本史学研究室紀要』
○三田史学会（慶応義塾大学）『史学』

○早稲田大学史学会　『史観』
○民衆史研究会（早稲田大学）　『民衆史研究』
○法政大学史学会　『法政史学』

法政大学文学部日本史研究室は、いい仕事を残している。それは『日本人物文献目録』（平凡社、昭和四十九年六月刊）の編纂刊行である。この目録は、歴史学研究に欠かせない人物論や人物情報を広範囲に集めたものである。採録対象は、人物を論じた図書や雑誌（逐次刊行物）である。雑誌の総数が七百十四誌というから驚く。

この目録は今も十分に使える。いやその有用性をいよいよ増している、と言っていいだろう。それは、歴史学に限定せず、周辺の諸学問からも広く関連データを採っているからであろう。しかも採録期間を、明治初年から昭和四十一年末まで拡大したため、対象文献の量が増加し、網羅的で緻密な目録世界が形成されることになったのである。

歴史学雑誌の採録数は百六十四誌である。これは全体の二十三％で、部門別に見ると最も多い。特に、地方史学の分野から六十五誌を採用しているのが目立つ。大きな特色と言っていいだろう。

では具体的に紹介して見よう。聖徳太子を例に取りたい。聖徳太子に関する文献総数は図書、雑誌（逐次刊行物）合わせて四百七十五点を超える。恐らくこの目録に載った人物の中では最も多いのではないだろうか。歴史学雑誌では、『歴史と地理』『日本史研究』『岩手史学研究』『歴史教育』『史学雑誌』『歴史地理』『広島大学文学部紀要』『史窓』などから採録している。その他、仏教系大学の学術雑誌からの採録が顕著である。よくここまで調べたものだと感心してしまう。

五　駿台史学会『駿台史学』の百号記念号

次に、首都東京圏である。

○国史学会（国学院大学）　『国史学』
○中央史学会（中央大学）　『中央史学』
○日本大学史学会　『史叢』
○上智大学史学会　『上智史学』
○立教大学史学会　『史苑』
○白山史学会（東洋大学）　『白山史学』

○日本女子大学史学研究会　『史艸』
○駿台史学会（明治大学）　『駿台史学』
○東京女子大学読史会　『史論』
○東海大学史学会　『東海史学』
○帝京大学文学部史学科　『帝京史学』
○立正大学史学会　『立正史学』
○専修大学歴史学会　『専修史学』
○駒沢大学史学会　『駒沢史学』

明治大学の歴史学は日本史学の他、地理学、考古学、東洋史学、西洋史学から成り立っている。その五専攻の学問の成果を総結集したのが、この駿台史学会『駿台史学』である。平成九（一九九七）年三月には大きな節目となる百号記念号を発行している。同誌が創刊されたのは、昭和二十六年三月であった。

この記念号には、「駿台史学会の歩み」を共通テーマにした関係者の寄稿文が掲載されており、単なる祝辞に終わらない研究者らしい冷静な分析が光っている。その中で、駿台史学会の元会長で『駿台史学』の編集長を務めていた、堀敏一が「思い出すこと、思いつくことなど」と題して、同誌の歩みを振り返っている。堀は『駿台史学』を年間に三回出すことになった当時の苦労を綴っている。号によっては、明治大学の史学地理学科の各専攻が特集を引き受けてくれて助かったのだが、反面これが〝時間を食う〟ことになる。年度末に、そのしわ寄せがくる。年三回刊行のうち、毎年度の最後の号は大変である。三月の卒業式までに出さなければならない。卒業生に買ってもらうためである。原稿の締め切りは十二月だった。皆がそれを守ってくれればいいのだが、一月の「それもかなり遅くまで引き延ばす方が結構あった」ので、当然のことながら編集作業はずれていく。大学が春季の休暇に入っても、毎日のように登校して印刷所とのやり取りなど雑務に追われることになる。なお、堀が編集長を引き受けたのは、昭和四十一（一九六六）年から同五十五（一九八〇）年までである。堀の、前任編集長は、近世史家の木村礎であった。

六　龍谷大学大宮学舎と　龍大国史学研究会『国史学研究』

次に、中部および近畿地区である。

○金沢大学法文学部　　　『同論集』（史学編、哲学史学編）

○北陸史学会（金沢大学）　『北陸史学』
○静岡大学教育学部　『同研究報告』
○静岡大学文理学部　『同研究報告』（人文科学）
○愛知教育大学歴史学会　『歴史研究』
○愛知大学文学会　『文学論叢』
○愛知大学綜合郷土研究所　『同紀要』
○愛知学院大学文学会　『文学部紀要』
○南山大学人類学研究所　『同紀要』
○皇學館大学史学会　『皇學館史学』
○滋賀大学経済学会　『彦根論叢』
○史学研究会（京都大学）　『史林』
○京都大学人文科学研究所　『人文学報』
○人文地理学会（京都大学）　『人文地理』
○洛北史学会（京都府立大学）　『洛北史学』
○京都橘女子大学歴史学会　『橘史学』
○大谷大学史学会　『大谷史学』

○龍谷大学史学会　『龍谷史壇』
○龍谷大学国史学研究会（現 龍大日本史学研究会）　『国史学研究』（現『龍谷日本史研究』）
○龍谷大学仏教史研究会　『仏教史研究』
○京都女子大学史学会　『史窓』
○立命館史学会（立命館大学）　『立命館史学』
○立命館大学人文科学研究所　『同研究所紀要』
○佛教大学歴史学部　『同論集』
○鷹陵史学会（佛教大学）　『鷹陵史学』
○花園史学会（花園大学）　『花園史学』

筆者が出た京都市の龍谷大学は、親鸞主義に立脚した仏教系の総合大学である。この龍谷大学は、歴史学研究が活発であり、近現代の史学史にその名を刻まれるべき大学者が多数生まれた。日本史の方面で代表的な歴史学者を挙げるならば、禿氏《とくし》祐祥《ゆうしょう》、宮崎円遵《えんじゅん》、二葉憲香《けんこう》、千葉乗隆《じょうりゅう》、日野昭、福嶋寛隆、朝枝善照《あさえだぜんしょう》であろう。この他にも琉球宗教史の知名定寛、修験道史の首藤善樹など、業績が顕著な人は多い。総じて仏教文化史、仏教思想史を基調にしており、堅実な実証主義の学風が印象的である。

ただし二葉憲香、そしてその学風を継承した福嶋寛隆に至る学派は、単なる実証主義に終わる歴史学に批判的であり、学問主体、信仰主体における国家認識や社会的実践を厳しく問う所に特色があった。いわば〈龍谷史学〉における異端と言えよう。だが、もしこの学派（二葉学派と呼ぶべきか）が存在しなかったならば、同大学の歴史学は重量感に欠けた地味なものになったであろう。

さて筆者が学んだ昭和五十年代の龍谷大学は、今のように理工農系まで拡大した、マンモス大学化はしておらず、瀬田キャンパス（滋賀県大津市）もなくて、大宮と深草の二キャンパスのみであった。大宮学舎（京都市下京区）は文学部の専門過程と大学院が設置されていた。史学科の一、二回生は深草学舎でまず一般教養を中心にして歴史家になるための基礎学力を身につけて、それから大宮学舎に移って二年間の専門過程を学ぶのである。この辺の仕組みは、今では大きく変化したのかもしれない。何せ三十年以上前の、昭和後期モダニズムの時代のことである。

なお付言すれば、親鸞や蓮如を小説・評論に書いた、作家の五木寛之が大宮学舎で聴講生となって仏教史（特に浄土真宗史）を学んだのは、この頃である。昭和五十七年前後のことだ。五木は、近世史（山村真宗伝播史）の方面で業績のあった千葉乗隆に師事したようである。

近年、同大では学科、専攻の名称を変更したが、筆者が学んだ当時の名で記す。史学科には、四種の歴史学雑誌がある。百四十号を突破した龍谷大学史学会発行の『龍谷史壇』、国史学専攻の学生、院生が中心となって編集発行する『国史学研究』(『龍谷日本史研究』)、同じく東洋史学専攻の『東洋史苑』、仏教史学専攻の『仏教史研究』である。

龍谷大学は創立三百五十年を越える我が国有数の大学だが、歴史学研究のスタートも歴史学雑誌の創刊も早い。『龍谷史壇』は大正年間のスタートである。『国史学研究』が昭和後期の、昭和五十年三月である。『東洋史苑』も『仏教史研究』も同じく昭和後期の発刊である。『東洋史苑』は七十号を突破している。

ここで、『国史学研究』について触れておこう。筆者は大学院の院生の頃に、同誌の編集に加わっている。第五号から第七号の辺である。先輩たちが苦労して創刊してから四、五年が経過して、会の運営もやっと軌道に乗り、発行元も何とか研究会組織へと移行した当時である。学生や院生は当たり前のことだが、順送りで卒業していく。従って、編集や会の運営に携わるメンバーも二、三年ごとに交替していく。だが研究会が衰退したり低迷したりすることはなかった。有り難いことに、いつの時代も、やる気のある若者がいて、会は活発に運営されていくのである。教員も協力を惜しまず、優秀な卒業論文などを推薦してくれる。原稿が集まらずに発行出来なかったことはない。

このようにして『国史学研究』は号を重ねて、今日ではすっかり歴史学の世界で定着している。近年、誌名を『龍谷日本史研究』と変更して、通算四十号に迫っている。話題になった論文も、少なくない。同誌から巣立った歴史家も多い。研究者を育てる役割を、今後も同誌は担い続けることだろう。

七　和歌山大学紀州経済史文化史研究所と西岡虎之助

引き続き、近畿地区である。

○奈良女子大学史学会　『寧楽史苑』
○奈良大学史学会　『奈良史学』
○天理大学文学部歴史文化学科歴史学専攻　『史文』
○帝塚山大学日本文化史学会　『日本文化史研究』
○大阪大学文学部　『同紀要』
○大阪市立大学日本史学会　『市大日本史』

○関西大学史学会　『史泉』
○神戸女子大学史学会　『神女大史学』
○兵庫史学会（神戸大学）　『兵庫史学』
○和歌山大学紀州経済史文化史研究所　『同紀要』

和歌山大学紀州経済史文化史研究所は、幅広い研究活動を手掛けている。その中の一つが、和歌山県出身の歴史家で民衆史学の開拓者として知られた、西岡虎之助の生涯と業績を明らかにした研究成果『西岡虎之助　民衆史学の出発（たびだち）』（同研究所、二〇一〇年十一月刊）を出したことであろう。その序文の題名に「和歌山が生んだ『反骨の歴史家』」とある。本書を読むと、この歴史家が天皇制国家に歓迎されていなかったことが分かる。民衆史学を開拓していくことは、国家悪や社会矛盾を暴くことになるのだ。後に続く、我々民衆史学徒にとっては、西岡は大恩人なのである。

西岡の代表作は『民衆生活史研究』（福村書店、一九四八年十一月刊）と『荘園史の研究』（岩波書店）上巻（一九五三年四月刊）下巻一・二（一九五六年刊）であろう。この民衆生活史と荘園史の研究は、彼の歴史学の二本柱となった。

昭和三十一（一九五六）年十二月一日、労作『荘園史の研究』の出版を記念した祝賀会が、早稲田大学の大隈会館で開催された。その時の記念写真と出席者一覧表が『西岡虎之助　民衆史学の出発』に掲載されている。家永三郎、石母田正、大塚久雄、遠山茂樹、瀧川政次郎、坂本太郎など当代一流の歴史家が名を連ねている。西岡史学の影響力の大きさを考える上で、参考にしていい資料である。

八　大塚史学会が編纂した『綜合　国史論文要目』

最後は西日本地区と、閉学に追い込まれた東京教育大学である。

○愛媛大学歴史学研究会　『歴史学紀要』
○愛媛大学近代史文庫　『愛媛近代史研究』
○岡山大学法文学部　『同学術紀要』
○岡山大学教育学部　『同研究集録』
○就実大学総合歴史学科　『同史学論集』
○内海文化研究施設（広島大学）　『内海文化研究紀要』
○広島大学教育学部　『同紀要』

○広島修道大学人文学会　『広島修大論集』

○鳥取短期大学北東アジア文化総合研究所　『北東アジア文化研究』

○島根史学会（島根大学）　『島根史学』

○山陰地域研究総合センター（島根大学）　『山陰地域研究』

○島根大学　『山陰文化研究紀要』

○山口大学教育学部　『同研究論叢』

○山口大学教養部　『同研究紀要』

○山口大学文学会　『同文学会志』

○九州史学会（九州大学）　『史淵』

○九州史学研究会（九州大学）　『九州史学』

○九州文化史研究施設（九州大学）　『九州文化史研究所紀要』

○西日本史学会（九州大学）　『西日本史学』

○七隈史学会（福岡大学）　『七隈史学』

○福岡教育大学　『同紀要　文科編』

○長崎大学史学会　『長大史学』

○別府大学史学研究会　『史学論叢』

○宮崎大学教育学部　『同紀要』
○熊本史学会（熊本大学）　『熊本史学』
○鹿大史学会（鹿児島大学）　『鹿大史学』
○琉球大学史学会　『琉大史学』
○大塚史学会（旧東京教育大学）　『史潮』

東京教育大学（国策により昭和五十三年三月、閉学に追い込まれた）は、その前身である東京文理科大学および東京高等師範学校の時代から、歴史学の研究が活発に行なわれていた。

この東京教育大学には大塚史学会があって『史潮』という歴史学雑誌を出していた。筆者が好んで読む歴史学関係の専門書の中には、この「大塚学派」の学者たちのものが多い。思想史学の家永三郎、歴史民俗学の和歌森太郎、書誌学・出版文化史学の川瀬一馬、近代史学の金原作門などがそうである。

東京教育大学および大塚史学会は、輝かしい業績を積み重ねてきた。その一つが大塚史学会高師部会編『綜合　国史論文要目』（刀江書院、昭和十四年十二月刊）である。この本は、明治初年から昭和十三年四月までに発表された日本史関係の論文の総合目録であり、学界を裨益した実に貴重な論文目録である。

これを読むと、近代歴史学の全体像を把握することができ、「大塚学派」の総力を結集した、まさに自信作と言えるだろう。

この『綜合　国史論文要目』は、百七十点余の歴史学雑誌から採録している。大学の歴史学雑誌ばかりでなく、地方史学、地域史学の研究雑誌も平等に扱っている。権威主義臭がないのが良い。

ところで、百七十点余の歴史学雑誌の創刊年を見ると、昭和前期（元年から十三年まで）に全体の四〇％近い六十五誌が誕生している。この時期が、我が国の歴史学の飛躍期であったことが分かる。『史潮』の創刊が昭和六年、『社会経済史学』の創刊も同年、『歴史学研究』の創刊は昭和八年である。地方史学の分野を見ても、南木芳太郎主宰の『上方』、翁《おきな》久允《きゅういん》主宰の『高志人』（富山県）がこの時期に誕生している。大学の歴史学雑誌の中には、やはりこの時期にスタートを切ったものが少なくない。

九　国家プロジェクトとしての『歴史学論文総覧』の刊行を

我が国の歴史学界を代表する学会、研究機関である。

○史学会（東京大学内）　『史学雑誌』
○日本史研究会　『日本史研究』
○歴史学研究会　『歴史学研究』
○歴史科学協議会編集（校倉書房発行）　『歴史評論』
○日本歴史学会（吉川弘文館）　『日本歴史』
○国立歴史民俗博物館　『同研究報告』
○国立民族学博物館　『同研究報告』

日外版『歴史学紀要論文総覧』は大学の歴史学を知る上では格好の目録である。しかし、それが制約要因となっている。大学から独立した横断的な学会、在野性の強い学会、出版社系の伝統雑誌が欠落しているため、完璧な『歴史学論文総覧』にはなり得ていないのである。例えば『史学雑誌』『日本史研究』『歴史学研究』『社会経済史学』『日本歴史』『歴史読本』『歴史公論』『地方史研究』など我が国の歴史学を代表する看板雑誌が収録されていないのだ。加えて、地方史学の方面が最初から考慮されていないのはさみしい。戦前から戦後にかけて、地方史学、地域史学の分野にあっては、大学の歴史学と比肩し得る学術的な成果を上げてきた。その水準は無視できない。『上方』『信濃』『大阪の歴史』『我孫子市史研究』などに一度目を通して欲しい。地方史学、地域史学の雑誌がいかに充実しているか、理解されると思う。

日外版『歴史学紀要論文総覧』の、意欲的な試みは大いに評価されなければならないが、やはり本格的な『歴史学論文総覧』が編纂されて然るべきだ。この事業は、時間と莫大な予算を必要とする。明治期以降に発行された、総ての歴史学雑誌を網羅して、それをきちんと分類整理し、加えて件名・著者名・掲載雑誌名に関する索引篇まで補うとなると、民間では無理がある。やはり国家が主導して取り組むべき一大事業であろう。

十　歴史学の発展に貢献してきた出版社

我が国には、歴史学関係の専門出版社が多数存在する。社歴が古い伝統出版社が多い。それらの中には、自社の出版物のPRを兼ねた雑誌を発行して所がある。

中央公論社（現在の中央公論新社）は、在野の歴史家の著作集を好んで出版すると共に、良書を発掘して「中公文庫」に集録してきた。同社が発行する『中央公論』は、明治中期の『反省会雑誌』に源を発する、百年を越える伝統誌である。民本主義、民主主義の牙城として、我が国の政治史、社会史、言論史、文化史に大きな影響を与えてきた。その軌跡は輝かしい。大いに評価されるべきであろう。

なお、同社は昭和四十年代以降に『歴史と人物』という雑誌を出していた。歴史学と大衆向け読み物の間をいく、中間派的な作りであった。

KADOKAWAは、『歴史読本』という雑誌を出していた。残念ながら平成二十七年十月に「織田信長」を特集した秋号をもって休刊した。昭和三十一（一九五六）年一月の創刊だから、六十周年目前だった。月刊の本誌の他に別冊もあり、その企画力と執筆者の動員力には毎号圧倒された。なお、同誌の発行元には変遷がある。新人物往来社が長かった。

その他に『鴨東通信』を発行している京都市の思文閣出版、歴史図書出版の老舗中の老舗で『本郷』や『日本歴史』を発行している吉川弘文館、かつて戦前戦中と、昭和四十年代以降の、二度にわたり『歴史公論』を出していた雄山閣、平成十一（一九九九）年から同二十（二〇〇八）年まで『刀水』を発行していた刀水書房、硬派の季刊誌『歴史文学』を出した汐文社などがある。

一方、読書人の教養誌『図書』やリベラルな総合雑誌『世界』を出している岩波書店は、歴史学界とは縁が深い。二十年間隔ぐらいで『日本歴史』『日本通史』などの講座物を手掛けて定評があるし、日本を代表する歴史家の著作集や全集を積極的に出版してきた。足尾鉱毒事件の指導者、田中正造の全集や選集を出したのは評価されていい。同社の新書や文庫には、歴史学に関連したものが多い。歴史学界への貢献度はすこぶる高い。

東京大学出版会や法政大学出版局は、一流の学者を多数抱えて、水準の高い歴史学の専門書や史料集を多数出している。

みすず書房は、近現代史家にとって今も必携の『現代史資料』全四十五巻・別巻（索引）一巻を刊行して、大いに評価された。別に、続刊として全十二巻が出ている。これら全五十八巻は、昭和五十一（一九七六）年から同六十一（一九八六）年までの間に出版された。同社の品があってセンスのいい本造りは、愛書家やインテリ層の心をつかんでいる。小宮山量平の理論社は、歴史学ばかりでなく哲学や思想の方面でも良い仕事を残した。保守派の月刊誌『文藝春秋』などで、昭和史や太平洋戦争史に切り込む文藝春秋も無視出来ない。

そして、宮本常一や有賀喜左衛門などの著作集を世に送った未來社、明治文化研究会編『明治文化全集』全二十八巻・別巻一巻（初版時は全二十四巻）を手掛けた日本評論社、仏教史、浄土真宗史関係の出版物をコンスタントに出す京都市の法蔵館や永田文昌堂、労作『瀧川事件　記録と資料』を出して学問の自由を守ることの大切さを訴えた京都市の世界思想社、人物評伝のシリーズ化で注目される京都市のミネルヴァ書房、柳田國男の全集をまとめた筑摩書房、日本庶民に関する種々の資料集成を刊行した三一書房、安藤昌益に関する資料を網羅して全集にまとめた農文協、日本史や世界史の教科書・学習参考書を出版する山川出版社など、歴史学の発展に寄与する出版社は多い。

次章で紹介する、岩田書院も見逃せない。地方にも歴史図書の出版社は少なくない。例えば、本書の版元である、栃木県宇都宮市の随想舎は、昭和六十年の創業で三十周年を迎えた。その間に地方史学に関連する専門書や一般教養書を多数出してきた。総数が、四百五十点を突破するというから驚く。さらに福島県の歴史春秋社、茨城県の那珂書房と筑波書林、千葉県の崙《ろん》書房出版、山口県史料の復刻出版を長年行なってきた、同県周南市のマツノ書店、長崎学の専門出版社である長崎文献社、福岡県の葦書房、秋田県の無明舎出版、大阪市の東方出版などキラリと光る個性派が揃っている。

第八章　地方史学の歴史学雑誌

一　名著出版と『歴史手帖』

名著出版の『歴史手帖』は、戦後の歴史学界を活写する異色の雑誌であった。この『歴史手帖』は、昭和四十八（一九七三）年十一月に創刊された。終刊したのは、平成九（一九九七）年二月である。通算で二百八十号を積み重ねた。

巻頭随筆の「歴史と私」は、読み物として面白かった。毎号代わる代わる歴史家が登場してきて、歴史家を志した経緯や恩師との出会い、歴史学研究の楽しさや苦労話などを具体的に書いてくれるのである。青年学徒ならずとも、面白くないわけがない。

また同誌は毎号特集を組み、地方地方の歴史学研究の実情を紹介した。執筆者はそれぞれの地方、地域の地方史家であり、力作が一杯で大いに参考になった。

それに、地方史学に関する雑誌文献目録と、地方色豊かな歴史図書目録を編んでくれた。これは読者にとって参考になった。この二種類の文献目録はその後、同誌から岩田書院の『地方史情報』にバトンタッチされて継続することになる。

名著出版はこの目録を作成、掲載するに至った経緯とねらいについて、次のように記述している。引用文は、昭和五十（一九七五）年一月発行の第三巻第一号に掲載されたものである。

「雑誌文献目録」作成のお願い

小社は創立以来、全国各地の地誌、史料など地方史文献を中心とする歴史図書の出版を手掛けてまいりました。

これは偏に全国各地の研究者のご支援の賜物にほかなりません。ご周知のとおり、最近の歴史研究の発展はめざましく、ことに各地のグループ研究・活動は着実にすぐれた研究の成果をあげております。これら各地の地道な活動と地方史、郷土研究のあゆみが今日の歴史研究の発展に寄与したことはいうまでもありません。しかし、地方史研究の成果を一堂に蒐集することは極めて困難で、どのようなサークル活動があるかも不明な状態です。

そこで、本誌「歴史手帖」には、大学の研究機関、各種中央の研究会をはじめ各地の史談会、郷土史研究会による会報、雑誌を一挙に紹介する「地方史雑誌文献目録」を連載いたしております。これは、各誌の目次、発行所を列記し、地方史、郷土史のすぐれた研究を広く歴史学界に紹介し、研究者間の便宜を計る一方、地方史、郷土史誌の全国的なサロンの役割を果たそうとするものです。

つきましては、各地の研究会における最近の会報、雑誌、出版物などをお送りくだされたく、ここにお願いご通知申し上げる次第です。同時に地元におけるすぐれた出版物など、ご連絡いただければ幸甚でございます。


誠意あふれた依頼文である。名著出版がかかる企画を立案した背景には、昭和四十年代、五十年代における地方史学、地域史学の興隆、発展があった。この時代に、筆者は龍谷大学文学部史学科の学生、同大学院文学研究科の院生（修士）であったからよく分かるのだが、全国各地で地方史学、地域史学に関する雑誌が多数発行された。大学の歴史学の教員が、こうした雑誌に原稿を書くこともあり、水準の高い雑誌も多かった。だから、名著出版の企画は時宜にかなったものであり、これに呼応する地方史学、地域史学側の反応もよくて、この文献目録は長期間続くことになったのである。まさしく『歴史手帖』の売り物企画に成長していったのである。文中に「地方史、郷土史誌の全国的なサロンの役割を果たそうとする」とあるが、単に誌上だけのサロン形成に終わらず、実際に研究者間の様々な交流が『歴史手帖』を介して生まれたのではないだろうか。なお、この文献目録の作成は、主に飯澤文夫氏が担ったようである。

二　岩田書院の『地方史情報』

岩田書院は、岩田博氏が一人で経営する歴史学・民俗学関係の専門出版社である。岩田氏が、同社を始めたのは四十代の前半だった。氏は岩田書院を始める前に『歴史手帖』の編集人として、同誌を作っていた時期があった。奥付に氏の名前が載った号がある。

一人で岩田書院を経営するから、出版点数は少ないだろうと思ったら大間違い。同社は平成五（一九九三）年六月の創業であるが、同二十四（二〇一二）年九月には総点数が七百七十点を突破している。創立二十五周年を迎える平成三十（二〇一八）年六月には千点に達する見込みであるという。このエネルギッシュな事業展開には、ただただ驚くばかりだが、何か効率的に事業を回転させていくノウハウのようなものがあるのかもしれない。

出版点数が千点に到達する時、岩田氏は七十歳になるという。さすがの氏も、第一線からの引退を考えざるを得なくなってくるだろう。同社発行の『新刊ニュース』第七百五十九号（二〇一二年八月刊）の「新刊ニュースの裏だより」（氏の直言を掲載した名物コーナー）には、「岩田書院の後のことですか?、出版活動は終息させるにしても、在庫は売れるようにします」とさらりと書かれている。後継者はいないのだろうか、と余計なことを考えてしまった。

さて、岩田氏が一人で会社を切り盛りしてきたとは言っても、社外には事業を手伝う人脈がしっかりと存在したことだろう。事実、この出版社の看板情報誌である『地方史情報』は、強力な協力者によって作成されて存続している。その協力者とは、飯澤文夫氏である。飯澤氏は前掲『歴史手帖』に引き続いて、『地方史情報』においても地方史学情報を蒐集して紹介している。

この『地方史情報』は、平成九（一九九七）年六月に創刊された。名著出版の『歴史手帖』が終刊してから半年も経っていない。同誌は毎号、地方史学の関連情報を満載しており、全国各地の学会、研究会の活動がよく分かる。平成二十七（二〇一五）年十月の段階で、第百二十六号を発行している。

平成二十二年十二月に出た『地方史情報』第百号の表紙に、岩田氏は「『地方史情報』1

００号まで１００号から」と題した一文を掲載した。その中に、こうある。

お陰様で本誌「地方史情報」は本号で１００号になった。思えば、名著出版の「歴史手帖」終刊をうけて、そこに連載されていた「地方史雑誌文献目録」のあとを引き継ぐべく本誌を１９９７年に創刊してから、１３年で１００号。当初は年に１０回、最近は年に6回のペースで刊行してきた。ページ数も３２頁であったのが、情報量の増加と発行頻度の減少とによって、寄贈雑誌を紹介しきれなくなって、通常６４頁に、そしてこの１００号は記念号として９６頁（２３４誌３２７冊）になった。それでもなお、本誌への掲載が半年遅れになっている。これだけの雑誌を寄贈していただいていても、実際に全国各地で発行されている研究雑誌の半分にも満たないであろう。

文中にある通り、この『地方史情報』は、寄贈によって成り立っていた。この点は『歴史手帖』と同じである。考えてみれば、この種の歴史学情報誌を出す経営者も立派だが、地方史学、地域史学の関連文献を寄贈する側も立派である。双方の協力関係がないと、長続きはしない。

ところで、岩田氏は別の箇所で「本誌に掲載されている雑誌を地域別にみると、東京から遠くなるほど少なくなっているのが判る」と感想を記している。地方史学、地域史学は残念ながら、全国で、均衡発展してきたのではなく、盛んな所とそうでない所が併存しているのだ。確かに、東京都首都圏は活発に歴史学の関連文献を生産している。

三　地方史学　地域史学の雑誌

では、その『歴史手帖』や『地方史情報』、それに日本歴史学会編集で吉川弘文館が発行する月刊誌『日本歴史』、同じく前章に掲げた吉川弘文館『地方史研究の現状』全三巻、同じく地方史研究協議会編集『日本史研究総覧』、同協議会編集『日本史文献年鑑'78』、同じく出版年鑑編集部編『日本雑誌総覧』などを参考にして、昭和時代から平成期に創刊された地方史学、地域史学の雑誌を概観したい。ただし、その数はあまりに多いので、一部分を紹介するに止めた。取り上げる基準は、あくまでも筆者の個人的な好みによるものである。この世界は、創刊と廃刊・休刊・終刊が目まぐるしい。今日では、完全に姿を消した雑誌もあるかもしれない。その点を了解願いたい。

四　会津史談会の『会津史談』

まず、北海道・東北地区から始める。その中から、会津史談会の『会津史談』を取り上げたい。

○北海道史研究会　『北海道史研究』
○北海道史研究協議会　『同会報』
○十勝郷土研究会　『郷土十勝』
○空知地方史研究協議会　『空知地方史研究』
○室蘭地方史研究会　『室蘭地方史研究』
○北海道屯田倶楽部　『屯田』
○北海道地域文化学会　『北海道地域文化研究』
○青森県文化財保護協会　『東奥文化』
○三沢郷土史研究会　『郷土史三沢』
○秋田県公文書館　『同研究紀要』

○秋田近代史研究会	『秋田近代史研究』
○北方風土社（秋田県）	『北方風土』
○鷹巣地方史研究会（秋田県）	『鷹巣地方史研究』
○奥羽史談会	『奥羽史談』
○東北歴史資料館（宮城県）	『同研究紀要』
○仙台郷土研究会	『仙台郷土研究』
○福島県史学会	『福島史学研究』
○いわき地方史研究会	『いわき地方史研究』
○会津史談会	『会津史談』
○会津史学会	『歴史春秋』
○郡山地方史研究会	『郡山地方史研究』

地方には、戦前から続く、息の長い歴史学雑誌があるものだ。ここで紹介する『会津史談』は、そうした雑誌の一つである。昭和初期に創刊されて、戦時下と敗戦後の混乱期を耐え抜いて戦後に発展し、号数と、発行母体である研究会の会員数を、みるみるうちに増やしていった、いわば優等生である。

会津史談会の『会津史談』は、昭和六（一九三一）年十二月に創刊された。第一号は謄写版印刷であった。平成八（一九九六）年五月に、発刊六十五年、第七十号の記念特集号を出している。本文が堂々の二百五十七頁、広告三十八頁で、全文上質紙を使っている。会津若松市の市長が祝辞を寄せている。

この雑誌は地元にすっかり溶け込んでおり、会を支える会員数はすこぶる多い。組織は整備されていて、同号掲載の平成七年度予算書によると、収入総額は四百三十九万円弱と潤沢だ。さすがに六十五年の歩みである。戦争中を含む歴史の荒波をかい潜って、盤石な体制を作り上げてきたことが分かる。作家で歴史家の司馬遼太郎が、寄稿したこともある。平成二十七（二〇一五）年四月に第八十九号が出ている。毎春一号発行のペースを守っている。

五　市民歴史家も執筆した『我孫子市史研究』

以下に列挙したのは、関東地区における地方史学、地域史学の歴史学雑誌である。その中から、千葉県我孫子市の『我孫子市史研究』を紹介したい。

○栃木県史編さん専門委員会　『栃木県史研究』
○栃木県歴史文化研究会　『歴史と文化』
○下野史談会　『下野史談』
○茨城の近代を考える会　『茨城近代史研究』
○茨城県県史編集委員会　『茨城県史研究』
○水戸史学会　『水戸史学』
○埼玉県立歴史資料館　『同研究紀要』
○埼玉県立文書館　『文書館紀要』
○埼玉県　『埼玉県史研究』
○埼玉県地方史研究会　『埼玉地方史』
○埼玉民衆史研究会　『埼玉民衆史研究』
○崙書房　『常総の歴史』
○千葉県企画部県民課　『千葉県の歴史』
○袖ケ浦市郷土博物館　『袖ケ浦市史研究』
○我孫子市教育委員会　『我孫子市史研究』
○成田市教育委員会　『成田市史研究』

○流山市　『流山市史研究』
○習志野市　『習志野市史研究』
○船橋市　『船橋市史研究』
○取手市史編さん委員会　『取手市史余禄』
○東京都立中央図書館　『同研究紀要』
○世田谷区誌研究会　『せたかい』
○杉並郷土史会　『同史報』
○練馬区郷土史研究会　『同会報』
○目黒郷土研究会　『目黒区郷土研究』
○町田地方史研究会　『町田地方史研究』
○多摩文化研究会　『多摩文化』
○府中史談会　『府中史談』
○武蔵野文化協会　『武蔵野』
○首都圏形成史研究会　『年報　首都圏史研究』
○神奈川県県民部県史編集室　『神奈川県史研究』
○横浜市史編集室　『市史通信』

○横浜歴史研究会　　『歴研よこはま』
○神奈川県立文化資料館　　『郷土神奈川』
○鎌倉文化研究会（長谷寺宝物館）　　『鎌倉』
○藤沢市文書館　　『藤沢市史研究』
○小田原史談会　　『小田原史談』

自治体史の編纂事業の一環として、あるいはその延長事業として発行されている研究雑誌がある。我孫子市の『我孫子市史研究』がそうであった。同誌は既にその役割を終えて今日では発行されていないが、かつては歴史学界に大反響を呼び起こした存在感のある雑誌であった。それは何故かと言うと、大学の歴史家と市民歴史家が共同してこの雑誌を作ったからである。自治体史そのものも一緒に作った。

自治体史の編纂刊行は通常、大学の歴史家に任せて、市民は読み手にまわり執筆には参加しないものである。むろんその市域に住む郷土史家や地方史家の中には執筆に加わることもあるが、それはあくまで例外と見た方がいい。

そもそも自治体史の場合、古代から現代までの、いわゆる通史篇や資料篇（民俗含む）を刊行することとは別に、当該の自治体域と、その周辺を対象にした研究雑誌を発行して、通史篇の執筆に供しようとするものである。『我孫子市史研究』は、そうした性格の歴史学雑誌であった。

とにかく中身が詰まっている。昭和五十年代に刊行が始まった『我孫子市史研究』だが、力作が多い。第十五号（平成三年三月刊）は柳田國男を特集している。第四回「柳田國男ゆかりサミット」の模様を紹介、読み応えは充分である。著名な歴史家が我孫子市で行なった講演の、録音記録も丁寧に起こされている。史学史上、大変に貴重な史料である。

六　三重県四日市市の『四日市市史研究』

以下に列挙したのは、中部・東海地方（三重県を含む）における地方史学、地域史学の歴史学雑誌である。その中から、三重県四日市市の『四日市市史研究』を紹介したい。

○新潟県　『新潟県史研究』
○新潟県人文研究会　『越佐文化』
○長岡郷土史研究会　『長岡郷土史』
○上越郷土研究会　『頚城文化』

○信濃史学会　『信濃』
○伊那史学会　『伊那』
○長野郷土史研究会　『長野』
○上伊那郷土研究会　『伊那路』
○越中史壇会　『富山史壇』
○加南地方史研究会　『加南地方史研究』
○七尾地方史の会　『七尾の地方史』
○福井県　『福井県史研究』
○駿河郷土史研究会　『駿河』
○地方史静岡刊行会　『地方史静岡』
○東海近代史研究会（愛知県）　『東海近代史研究』
○南知多郷土研究会　『郷土研究誌みなみ』
○刈谷市郷土文化研究会　『郷土研究誌かりや』
○名古屋郷土文化会（名古屋市鶴舞中央図書館）　『郷土文化』
○地域社会研究会（名古屋経済大学内）　『地域社会』
○飛騨郷土学会（岐阜県）　『飛騨春秋』

○岐阜県郷土資料研究協議会　『郷土研究岐阜』
○三重県環境生活部文化振興課（県史編さんグループ）『三重県史研究』
○四日市市（総務部市史編さん室）『四日市市史研究』

三重県四日市市では市制百周年記念事業として、全二十巻の『四日市市史』を編纂刊行した。同市（総務部市史編さん室）では、それに併せて研究紀要『四日市市史研究』を発行した。同誌は昭和六十二年八月に創刊され、平成十四年一月発行の第十五号をもって終了している。ちなみに『四日市市史』全二十巻の構成は、第一巻から第十五巻までが史料編、第十六巻から第十九巻までが通史編であり、第二十巻が年表・索引編である。

地方史学の研究成果を知ろうと思ったら、その地方、地域で発行されている歴史学雑誌を読むのが一番いい。この『四日市市史研究』全十五冊を手にとって、つくづくそう思った。四日市市と言えば、戦後四大公害事件の一つである四日市公害で知られた地域だ。当然、この研究紀要にも、関連する論文が掲載されている。第十四号（平成十三年三月刊）には、宮本憲一が「歴史はくりかえす」を寄稿している他、坪原紳二が「公害激甚期における四日市都市改造事業の実態について―地元自治体の自立性の観点から―」を発表している。また坪原は、第十二号（平成十一年三月刊）に「四日市の戦後都市形成史―コンビナート全面化直前期までの計画行政思想の実態について―」を発表している。二編とも、地方におけるモダン都市展開史とからめて、公害事件を論じたもので、きわめて示唆に富む内容である。

その他、この『四日市市史研究』は多岐にわたる問題を取り上げており、読み応えがある。地元の人物発掘も積極的である。例えば第十四号には、石田昇三が「四日市が生んだ昆虫学者　三輪勇四郎博士」を執筆している。『四日市市史研究』は、平成大合併後の自治体史刊行を計画している市町村が、参考にしていい模範的な研究紀要である。

七　幸田成友の精神が生きる『大阪の歴史』

近畿地区における地方史学、地域史学の歴史学雑誌を列挙して、その中から大阪市史編纂所が現在も刊行を続ける『大阪の歴史』を紹介してみたい。

○滋賀県立図書館　『滋賀県地方史研究紀要』
○滋賀県立琵琶湖文化館　『同研究紀要』
○近江地方史研究会　『近江地方史研究』

○京都府立総合資料館　『資料館紀要』
○京都市歴史資料館　『同紀要』
○近畿文化会（奈良市）　『近畿文化』
○奈良県近代史研究会　『同会報』
○大阪歴史学会　『ヒストリア』
○大阪市史編纂所　『大阪の歴史』
○堺市立中央図書館　『堺研究』
○和歌山県史編纂委員会　『和歌山県史研究』
○和歌山地方史研究会　『和歌山地方史研究』
○紀南文化財研究会　『熊野』
○神戸史学会　『歴史と神戸』
○神戸史談会　『神戸史談』
○尼崎市立地域研究史料館　『地域史研究』
○淡路地方史研究会　『あわじ』

大阪市は、いち早く市史の編纂事業に着手したことで知られている。経済史家の幸田成友は、その大阪市史編纂の主任の職にあった。明治期の後半の八年間である。それは、明治三十四年五月から同四十二年三月までであり、翌四十三年に彼は慶応義塾大学の教員になっている。大阪市に赴任した時、彼は二十八歳であった。

幸田が携わった『大阪市史』の編纂事業は、明治三十四年に企画された。大正四年に全てが終了した。この間に、市史六巻（第四巻は上・下）、索引一巻、地図一帙の全八巻が刊行された。

彼は史資料保存の必要性を訴えて、人民文庫の創設を提唱した。人民文庫の名称からは、彼が市民、民衆の史資料を蒐集して保存すべきである、と考えていたように受け取れるが、保存の対象はどうやら市史全般にわたるようである。

そのことについて、彼は『幸田成友著作集』第七巻（中央公論社、昭和四十七年六月刊）所収の「大阪市史の編纂について」（初出は『大阪朝日新聞』、大正四年八月発行号）で、次のように書いている。

市史編纂掛で数年間に集めた書類は可成ある。その中には保存の必要もない、字引のやうなものもあるが、是等は捨てて、純粋の市史材料は保管の方法と共に利用の方法を講ぜられたい。御大典記念として各地に圖書館設立の計畫もあるやに聞く。自分も圖書館協會の一員として至極賛成である。いづれ大阪市に於ても人民文庫が起るであらう。假令本年でなくとも、數年の中には屹度起るに違ひない。もしその一室に従来の市史材料を藏し、更に進んで新材料を集めるとしたならば、自分にとって滿悦であるのみならず、後来の大阪市民は必ず現在の大阪市民に對して、忘るべからざる感謝の念を拂ふことと確信する。

つまり人民文庫とは、公立図書館と史料館（公文書館、文書館）の機能を併せ持った機関のことのようである。今日では当たり前のことと考えられるが、当時としては時代を先取りした開明的な見解であったと言うべきであろう。

幸田は実際、大阪市を去るに当たって、在任中に蒐集した史資料を編年式に整理して保存しておいた。それが昭和四十二年から刊行が始まった『大阪編年史』全二十七巻にそのまま活用されたのである。

ここで大阪市における修史事業を整理しておくと、『大阪編年史』全二十七巻を別にして、これまでに五度大阪市史が編纂されている。それは、①幸田が携わった『大阪市史』全八巻、②『明治大正大阪市史』全八巻、③『昭和大阪市史』全八巻、④『昭和大阪市史続編』全八巻であり、それらの総数は三十二冊に達する。

そして、⑤『新修大阪市史』の取り組みである。『新修大阪市史』は、昭和五十四年に、市制百周年記念事業として始まった。十七年の歳月を費やして、平成七年に完成している。本文編全十巻であり、史料編は別に発行されている。

歴史学雑誌『大阪の歴史』は、昭和五十五年三月に創刊された。『新修大阪市史』の関連事業と位置付けられるが、同市史完結後も継続して発行されている。既に誌歴は、三十五年を突破している。この雑誌は企画力に秀れていて、内容的にも硬軟両面を持った、いかにも上方らしい作りが売り物である。著名な歴史家が力作を発表する場ともなっている。ところで『大阪の歴史』は、平成九年十二月に節目となる第五十号を発行した。この号では『新修大阪市史』の編纂事業にかかわった人々が、回想記を執筆している。その中に、野高宏弘の「『新修大阪市史』本文編を終えて」と題した一文がある。

野高は「私としては、初心に戻る必要を感じている。明治三十年代、幸田成友が『大阪市史』編纂事業に従事した当時にである」と記述する一方、次のように提案している。

なによりも幸田がかつて精力的に収集した史料が大阪市史編纂事業に十分に継承されてこなかったことが、大きな問題である。現在、当編纂所と慶応義塾大学及び一橋大学に分散所蔵されている幸田の大阪に関するコレクションを総合することが、編纂所の事業活動の再スタートのシンボル的意味を持つのではないかと考えている次第である。

市史開拓に傾けた青年史家・幸田成友の魂は、今日も立派に受け継がれていると言えよう。ただ、大阪に関する彼のコレクションが、野高の回想記発表後、大阪市史編纂所に集中所蔵されたのか否か、その点は気になる。もし実現していないとすれば、是非そうして欲しいものだ。いや、幸田成友「大阪市史コレクション」総合目録が、三者の協力によって編集されて出版されるだけでも、十分に歴史学界のためになるだろう。

八　山口県地方史学会の『山口県地方史研究』

最後に、西日本地区における地方史学、地域史学の雑誌を紹介しよう。その中から、山口県地方史学会の『山口県地方史研究』を詳述したい。

○瀬戸内郷土研究会（香川県）　『瀬戸内』
○土佐史談会　『土佐史談』

○岡山地方史研究会　『岡山地方史研究』
○広島県史編纂委員会　『広島県史研究』
○芸備地方史研究会　『芸備地方史研究』
○鳥取郷土文化研究会　『鳥取郷土文化』
○山陰歴史研究会　『山陰史談』
○大社史話会　『大社の史話』
○石東地方史研究会　『石東史叢』
○石見郷土研究懇話会　『郷土石見』
○山口県地方史学会　『山口県地方史研究』
○宇部地方史研究会　『宇部地方史研究』
○光地方史研究会　『光地方史研究』
○徳山地方郷土史研究会　『徳山地方郷土史研究』
○下松地方史研究会　『下松地方史研究』
○西日本文化協会（福岡市）　『西日本文化』
○大分県地方史研究会（大分大学内）　『大分県地方史』
○佐賀史談会　『佐賀史談』

○熊本史談会　『石人』

山口県地方史学会と、その機関誌である『山口県地方史研究』について書きたい。この学術団体は創立から半世紀を超え、県下に強固な地盤を築いて会員数も多い。地方史学の方面では珍しく、研究会とも史談会とも名乗らずに、学会を組織名に付している。同様の団体は茨城県の水戸史学会、長野県の信濃史学会など数団体あるが、実力的には山口県地方史学会を地方史学の雄として、筆頭格に置いてもいいのではないか。むろん信濃史学会も戦前から続く伝統の学会であり、会員は県外にも多い。こちらも、いわば地方史学の看板学会である。

山口県地方史学会は昭和二十八（一九五三）年十一月に創立された。会長には御薗生翁《みそのうおう》甫《すけ》が就任した。同学会の会則第二条には「この会は山口県を中心とする地方史の綜合的研究を推進し、その発展を図ることを目的とする」とある。会長に推された御薗生は八十歳を超える高齢であったが、業績大の彼をおいて他に適任者はいなかった。

昭和三十（一九五五）年九月に出された『山口県地方史研究』第二号に、創立趣意書が掲載されている。その中に次のような文章がある。

従来の郷土研究が、地方において孤立的に行われる結果として、ややもすると、偏狭独善のお国自慢や或は単なる物知り的な知識に終って、徒に回顧的、趣味的に堕したことも否定できないのであります。又研究者相互の連絡や協同の機会もなく、せっかくの研究が広く紹介せられて学会共有の財産となるに至らず、孤立停滞して世に埋もれ勝ちであったことも、学問のために不幸なことでありました。このような点に深い反省を行い、郷土研究が広い視野の上に立ち、綜合科学としての新しい史学の方法に基き、すべての研究者が互に連絡し協同して、学問の発達をはかるべきであります。

これを読めば、学会を名乗る理由がはっきりとする。総合科学としての新しい史学の方法に基き探究する態度は、大学の歴史学と何ら変わらない。最初から学術的に、レベルの高い所を目指してスタートしたのである。

同学会の、いわば生みの親である御薗生翁甫について触れないわけにはいかないだろう。山口県地方史学界では、昭和四十一年に伊藤作一、翌四十二年に御薗生翁甫と吉田祥朔《しょうさく》が相次いで他界した。三人の歴史家は地方史学界の「至宝」（後述の小川五郎の追悼文より）と称されるほどの逸材であった。

御薗生は昭和四十二年三月七日に、九十一歳の天寿を全うした。山口県地方史学会では、昭和四十二年六月発行の『山口県地方史研究』第十七号を「会長御薗生翁甫先生追悼号」と題して特集を組み、追悼文を掲載すると共に彼の履歴と業績一覧を付した。

豊浦高校の校長などを歴任した、小川五郎は「地方史学界の至宝」と題した一文を寄せた。その中で彼は、伊藤には民俗学と方言研究の方面で、御薗生には大内氏文化の研究で、吉田には防長近世の文人学者の伝記に関して、それぞれ教えられたと、その学恩に感謝の言葉を綴った。御薗生については特に、「その研究態度は極めて厳しいものがあって、往々にして他を峻烈に批判された。しかし一面義理固く時には童心をさへ認められた」とその人柄を紹介した。

なお『山口県地方史研究』は、平成二十七年六月に第百十三号を出している。

九　地方史研究協議会の『地方史研究』

最後に、地方史研究協議会の『地方史研究』について触れておこう。同誌は現在も発行中であり、平成二十七年四月に第三百七十四号（第六十五巻二号）を出している。

この地方史研究協議会は、昭和二十五年十一月に東京大学を会場にして設立大会を開いた。翌年三月には『地方史研究』の創刊号を出している。同会が編集した『地方史研究必携』（岩波書店、昭和二十七年七月刊）に、協議会の組織について紹介文が付されている。設立して二年と経たない時期に書かれたものだけに、草々期における同会の正確な姿が描かれていると言えよう。その一文は以下の通りである。

本會は全國各地の地方史研究者・研究團體相互間及びそれと中央學界との連絡を密にし、日本史研究の基礎である地方史の研究を推進することを目的として一九五〇年設立せられた團體である。史學會、歴史學研究會、民科歴史部會、日本歴史地理學會、社會經濟史學會、日本民俗學會、常民文化研究所等の中央團體をはじめ、各地の地方史研究團體一〇〇餘が参加している。機関誌'地方史研究'を發行。

敗戦後の混乱がおさまって、全国の歴史家が地方史研究協議会に総結集したかのような印象を持つ。日本民俗学会や常民文化研究所が参加していたことに驚いた。事実、昭和二十五年十一月に東京大学で開いた設立大会の委員の中には、柳田國男や渋沢敬三の名前がある。さらに戦前から活躍していた在野の歴史家、田村栄太郎の名前もある。

地方史研究協議会は設立六十五年を突破した。幾多の著名歴史家が、会の活動に加わった。『地方史研究』は、同会の歩みを知らせてくれる。例えば、昭和六十年八月に出た第百九十六号（第三十五巻四号）は「琉球・沖縄大会特集」である。同年十月に、沖縄県で開催される沖縄大会を前にして、問題提起したものである。

同会の役割は益々大きくなっている。

第九章　異彩を放つ歴史学雑誌

〜松本清張が発行した『季刊　現代史』など〜

一　個性的な雑誌タイトルがセールスポイント

歴史学の学会や研究会の中には、研究対象を特定の時代に限定したり、あるテーマや部門に焦点を絞って分析を進めたりする団体がある。それらから発行される機関誌類にも、そうした特殊性がストレートに反映して、極めて具体的で個性的なタイトルが付される場合が少なくない。次に、この種の歴史学雑誌を見ていこう。

二　松本清張と『季刊　現代史』

筆者の書棚に、『季刊　現代史』という歴史学雑誌がある。第四号（一九七四年八月刊）

と第五号（同年十二月刊）の二冊である。発行所は、現代史の会である。発行者は松本清張、編集者は藤井忠俊である。そう、これは、昭和時代の作家で歴史家の松本清張が出資して創刊した、現代史の専門雑誌なのである。

この『季刊　現代史』は、社会派の小説を数多く発表した清張らしく、現代史の暗部を鋭く抉る論文が満載されている。『別冊太陽　松本清張』（平凡社、二〇〇六年六月刊）の「松本清張略年譜」によれば、昭和四十七（一九七二）年十月に、彼は「若い研究者の発表の場として『季刊　現代史』を創刊した」のである。

付言すれば、清張はこの年の十二月二十一日に満六十三歳になっている。編集者の藤井忠俊は、現在も活躍中の歴史家である。

この『季刊　現代史』は一つの明確なテーマを持って編集されていた。それは戦争であり、ファシズムである。昭和時代の日本が戦争に突入していった原因を分析し、その問題点を摘出している。

同誌は昭和五十三（一九七八）年九月発行の第九号をもって終了しているが、全九号の内容を知るため、北九州市立松本清張記念館（小倉北区城内）に問い合わせた。その結果を、以下に紹介する（同誌は西暦表記）。

創刊号（一九七二年十一月一日発行）特集　現代史における「満州事変」の意味
第二号（一九七三年五月二十日発行）同　日本ファシズム＝その民衆運動の前提
第三号（一九七三年十一月十日発行）同　日本敗戦＝民衆史からのアプローチ
第四号（一九七四年八月十五日発行）同　現代史のなかの兵士像　日中戦争を中心に
第五号（一九七四年十二月一日発行）同　ファシズム形成と権力による民衆の組織化
第六号（一九七五年八月一日発行）同　日中戦争の全面拡大と民主運動の展開
第七号（一九七六年六月一日発行）同　治安維持法体制＝その実体と動態
第八号（一九七六年十二月十日発行）同　国民教育の諸相とファシズム形成
第九号（一九七八年九月一日発行）同　日本軍国主義の組織的基盤：在郷軍人と青年団

これらの号に執筆している歴史家は、家永三郎、久野収、江口圭一、山辺健太郎、半藤一利、むのたけじ、上條宏之、渋谷定輔、井出孫六、大西巨人、鶴見俊輔など多士済々である。

清張の文学作品は、学者や学界や研究機関を効果的に使っている。考古学者の森本六爾を扱った作品もある。清張自身にも歴史学者のような所があったし、関連する資料・文献の蒐書は徹底していた。

清張は、若い頃には本当に学者を目指していた時期があったようだ。昭和三十四年から同四十三年まで九年間、清張の専属速記者を務めた経験のある福岡隆は『新版　人間・松本清張　影武者が語る巨匠の内幕』（本郷出版社、一九七七年三月刊）の「新版あとがき」で、清張が福岡に対して「若いころから学者を夢みていた」と洩らした、と書いている。そうした事実から、清張が、学者を志す若い人たちに発表の場を提供してやりたい、と日頃から考えていたとしても不思議はない。この『季刊　現代史』はその結晶なのだ。彼は「出資すれども口は出さず」の原則を守って、硬派の歴史学雑誌を創刊して育てていったのである。

三　一人の思想家をテーマにした歴史学雑誌

その松本清張を研究対象にした雑誌が、北九州市立松本清張記念館から発行されている。それを、次に紹介したい。

松本清張記念館は、清張の七回忌に当たる平成十（一九九八）年八月四日に、北九州市小倉に開館した。同館は『松本清張研究』という研究紀要を発行している。

平成十一年三月に創刊準備号を、同十二年三月に創刊号を出して以来、毎年、同誌を発行している。第十六号は、平成二十七年三月に出ている。本号では「清張と新聞」を特集している。その他、作家の五木寛之と山田有策の特別対談「戦後文学に現われた松本清張という現象」が掲載されている。

我が国の歴史学界には、一人の思想家を研究テーマにした雑誌や会報が少なからず存在する。『松本清張研究』は、その代表的な例である。その他には、大塩平八郎、田中正造、江渡狄嶺、会津八一、宮武外骨、安藤昌益などを研究対象にしたものが発行されてきた。それらを見ると、永続的に発行されているものもあれば、既にその役目を終えたものもある。こうした分野を開拓してきた人々には、いわば情熱家が多い。雑誌発行には、経営的にも困難がついてまわるが、それを情熱で克服しているような所がある。

四　田村民衆史学が凝縮した雑誌『日本の風俗』

田村栄太郎と言えば、反骨の在野史家として知られていた。彼に対するインタビュー記事が、昭和四十五年一月に出た『歴史評論』第二百三十三号に掲載された。その記事を再録した歴史科学協議会編『現代歴史学の青春』第一巻（三省堂、一九八〇年七月刊）によって、田村民衆史学の特色を理解してみたい。田村にいろいろと質問をしているのは、林基、山田忠雄、深谷克己である。記事のタイトルは「歴史外の立場をつらぬく―歴史に埋れた人びとへの愛着」である。このタイトルに、彼の歴史学が全て言い尽くされている。「歴史外の立場」にハッとさせられる。この言葉は、国家権力が弾圧し、棄民化し、人権の枠外に置いた民衆を指している。その虐げられた立場に、自分自身も立つ、と宣言しているのである。歴史外に捨てられた民衆の存在を発掘して叙述していくことが、歴史家としての自分の仕事である、と言っているのだ。

田村が昭和十三年九月に創刊した『日本の風俗』という歴史学雑誌は、そうした彼の民衆史学が凝縮している。この雑誌は、苦難の連続であった。同誌は短命に終わり、昭和十五年には姿を消している。田村自身、『日本の風俗』を発行していた当時、「赤だといって(官憲に)あげられ」(同記事)ている。創刊して間がない頃だった。ちょうど唯物論研究会事件(昭和十三年十一月から十二月に、哲学者の戸坂潤ら多数の学者、知識人が検挙された)と時期的に符合する。

この『日本の風俗』は、全国の郷土史家、地方史家の全面的な協力を得ていた。彼らに原稿を依頼して執筆してもらうだけでなく、有料購読者になってもらい経営の安定を図っていた。そうした努力が雑誌から読み取れるのだ。創刊号では「郷土史研究雑誌現地報告」という企画が組まれている。福島県の研究報告は、若き庄司吉之助が担当している。作家の江馬修は、自身が飛騨の山中で発行していた月刊誌『ひだびと』について書いている。

一方創刊号には、大衆文学研究史上注目すべき論文が掲載されている。それは、村雨退二郎の「歴史小説運動の意義」である。大衆に支持される歴史小説の中には、学問的な正確さを欠く、いい加減な作品が目立つというのだ。例えば、プロレタリア作家によって書かれた義民伝の中には、封建制度を無視したデタラメな小説がある。資本主義社会以前には現れないはずの社会主義的、共産主義的な演説が、農民によって堂々と行なわれている場面がある。こんな非歴史的な描写が平然となされている、と嘆く。歴史小説運動とは、かかる間違いを指摘して、歴史学的に妥当な表現を獲得させることである。彼は、こう訴えるのである。

事実、田村は『日本の風俗』誌上で、三田村鳶魚の時代考証と同じような仕事をしている。それは「大衆文芸の史的解剖」である。

この『日本の風俗』は歴史学の雑誌として、もっと評価されて良いと考える。それだけの内容を持っている。

五　関東大震災による文化破壊を嘆いて作った『中央史壇』特集号

大正十三年九月一日に、国史講習会（雄山閣、東京市神田区今川小路）が刊行した、『中央史壇』の第九巻第三号（通巻五十四号）は、いわゆる関東「大震災復興一周年紀念」特集号である。編集を受け持ったのは、中世史家で学習院大学などで教壇に立った大森金五郎である。前年に起きた大震災による文献・文化の破壊と喪失の記録を一冊にまとめたものであり、貴重な報告集となっている。

取り上げられているのは、湯島聖堂、東京博物館、東京帝国大学、早稲田大学、明治大学、学習院大学、東京商科大学（現在の一橋大学）、大橋図書館、大倉集古館などであり、それら知の殿堂の破壊と消滅がいかに大規模なものであったかが、よく分かる。

同号の編集後記では、大震災当日（大正十二年九月一日）における社内の様子を描写している。それをほぼ原文のまま紹介すると、以下の通りである。

〈九月一日は『中央史壇』九月号の発送日で、朝からゴタゴタしていた。漸く午前十一時頃までに、九月号全部を郵便局に持って行き、後片付けをして昼飯を食べ始めた所だった。　そうしたら大地がグラグラと大きく揺れ始めた。これは尋常の揺れではないと思い、ソレと言って外に飛び出して周囲を見渡した。すると既に三、四ヶ所、家にほど近い所で火が上がっていた。火に囲まれたら危険と判断して、家に帰って重要な帳簿五、六冊を抱えて出た。時刻は午後一時半頃になっていたが、辺り一面は火の海であった。

郵便局に持って行った雑誌九月号は燃えてしまったのだろう、と諦めていたら、郵便局員の話では全部無事であると言う。これを聞いて嬉しかった。甚大な被害をもたらした大震災に遭遇しながら、この『中央史壇』九月号は消滅しなかったのである。この後も『中央史壇』は一回も休刊することなく歴史学の学術雑誌としての役目を果たした。そして一周年を迎えて、記念の特集号を出すことが出来たのである〉

編集後記子は、『中央史壇』九月号が大震災に遭遇しながら、消滅しなかったことを心から喜んでいる。それにしても、家に帰って持ち出した重要な帳簿五、六冊とは、何だったのだろうか。会計簿は考えられる。それに、購読料を払っているか否かを記帳した購読者名簿も、当然含まれていたであろう。この二種の帳簿は、歴史学雑誌を発行していく上で欠かせないものである。

六　京大瀧川事件で美濃部達吉も寄稿した『中央公論』

今日『中央公論』の版元は、中央公論社から読売新聞社傘下の中央公論新社に代わった。同誌は長く、我が国を代表する学者や歴史家が力作を発表してきた一流のオピニオン誌であったが、現在の同名誌は保守色が強くて、とても同じ雑誌とは言えない。

ここで『中央公論』と呼ぶのは、以前の中央公論社から発行されていたものを指している。旧『中央公論』は学者や歴史家や知識人に愛されていた。筆者は古書即売展などで大正昭和期の同誌を見つけると、値段と相談しながらだが購うことにしている。そうやって書棚に収まった分を紹介すると、以下の通りである。なおその際、各号に載った、著名な学者や知識人の論文・評論の題目を一編だけ付す。

大正三年一月号（三百号記念号）　杉村楚人冠「オルガ」
昭和八年八月号　美濃部達吉「京大法学部の壊滅の危機」
昭和十年十月号（五十周年記念号）　三木清「人間再生と文化の課題」
昭和十二年三月号　田中惣五郎「軍部と政党」
昭和十三年十月号　我妻栄「大学自治の合法性と合理性」

昭和十六年十月号　田邊元「国家の道義性」
昭和二十三年四月号　平野義太郎「戦争と平和における科学の役割」
昭和二十三年十二月号　南原繁「日本における人文科学の問題」
昭和二十四年三月号　朝永振一郎「原子核研究と学者の態度」
昭和二十四年八月号　永井道雄「これからの民主教育」

天皇機関説で有名な、憲法学者の美濃部達吉は『中央公論』に寄稿することがあった。昭和八年八月号には、京大瀧川事件に関する彼の論文が載った。それは「京大法学部の壊滅の危機」である。同事件については、本書第三章の「学問の都のレジスタンス」を参考にして欲しいが、この学問弾圧に関する美濃部の論文が発表されていたとは意外である。彼はこの中で、次の通り記述している。

世間の一部には、京大法學部と最も近親の關係に在る東京大學法學部の諸教授（私も其の一員であるが）が、京大諸教授と行動を共にせず傍觀的の態度を取ったことに對し、痛烈な非難を加ふるものが有る。

私は今之に對し辯解を試みんとするものではないが、併し私の信ずるところに依れば、東大法學部の諸教授も、少くとも大多數は、學問の自由を主張し、瀧川教授に對する今回の處置を以て、不法に其の自由を蹂躪したものであるとすることに於いて、京大諸教授と其の主張を同じくせらるるものであると斷言してよいと思ふ。

美濃部の立場は明快である。瀧川幸辰や京大法学部と共闘して、学問の自由に対する国家権力の弾圧に、強く抗議している。彼は決して、傍観者の態度で終始していたのではなかった。

七　楽しませてくれる豪華な歴史学雑誌『太陽』

百科事典の平凡社が昭和三十八年六月に創刊した『太陽』は、高級な歴史学雑誌である。残念ながら今日では『太陽』本体は休刊しており、特定のテーマを扱った『別冊太陽』が出ている。

例えば、『知のネットワークの先覚者　平田篤胤』（二〇〇四年五月刊）がある。この別冊は、江戸時代末期の思想家・平田篤胤と彼の門弟四千名の間に築かれた、驚くべき知のネットワークに迫ったものである。国立歴史民俗博物館館長の宮地正人ら、専門家の論文が学術的な信頼感を与えている。元々、同別冊は国立歴史民俗博物館の平田家未公開資料の調査の中から生まれてきたものであった。巻末に付された「激動の幕末維新期の資料公開に寄せて」によれば、歴博では平田家に伝わる貴重な幕末維新期の資料を調査するために、研究チームを編成して、整理と分析を進めてきたという。その第一段が終了したのを機に、同館ではその学術的な調査内容を広く社会に知ってもらうため、平成十六年十月から十二月に「明治維新と平田国学」と題した特別企画展を、千葉県佐倉市の同館で開催したのである。

この別冊にはその学術的な研究成果が盛り込まれている。宮地論文の他にも、米田勝安と荒俣宏の巻頭対談「いま、よみがえる平田篤胤」、仁科吉介「幕末の情報ターミナル」、吉田麻子「『気吹舎日記』」などが載っており、これらを通して最新の篤胤像に触れることが出来る。むろんグラフィックマガジンの『太陽』らしい、美しくて豪華な作りは健在であり、地味な史資料をキレイに見せるテクニックはさすがである。

本体の『太陽』も、歴史学の成果を盛り込むことに積極的であった。特集のテーマには銀座モダン、親鸞、徳川慶喜、京都などがあって、古代史から現代史まで、日本史のあらゆるテーマを取り上げていた。写真も一流、文章も洗練されていた。

余談だが、筆者が好きな書き手、文芸評論家にして歴史家の海野弘は、若い頃、平凡社の美術編集部にいた。その彼が、もしかしたら『太陽』の編集にも携わっていて、同誌に原稿を書いていたのではないかと考えて、街の古本屋や、神田小川町の東京古書会館で定期的に開催される古書即売展などで、この雑誌を探すことが多かった。筆者が三十代、四十代の話である。『太陽』の総ての号に目を通していないので、何とも言えないが、その可能性はあると思う。

いずれにしろ、海野ワールドとこの雑誌の間には、共通の時代精神が横たわっている。それは、昭和モダニズムである。今後、昭和モダンの研究に取り組む青年学徒が現れてきたならば、是非、海野作品と『太陽』を併せて読むことを奨めたい。

八　川名登が立ち上げた利根川文化研究会と『利根川文化研究』

歴史学と諸学問の学際領域には、特色のある学会活動が存在している。

故川名登が立ち上げた利根川文化研究会と、その機関誌『利根川文化研究』は、その一種であろう。同会は、平成三（一九九一）年三月に設立された。それから二十五年の歳月が流れているが、今日でも活動を続けている。

この研究会は、歴史学、経済学、民俗学など人文社会諸科学を総動員して、利根川とその支流に創造された人間の営みをトータルに研究しようとするものである。全国的に見て、極めて珍しい団体である。水系に焦点を当てた、この種の河川文化史学会（あるいは河川湖沼文化史学会）が全国各地に誕生すれば、我が国の歴史学は従来にない成果を手にすることであろう。むろん水運史研究においては、淀川や富士川の事例が示す通り、一定の蓄積があるが、それも全体から見れば一部の河川に限られているのが現状である。

川名は、利根川の河口に栄えた、千葉県銚子市の生まれである。千葉大学文理学部（現在の文学部）史学科を卒業後に、明治大学大学院修士課程で日本史学を修めた。彼の学問業績は多大であり、旧建設省の利根川水系に関する審議会の委員などを務めている。代表作は『近世日本水運史の研究』（雄山閣、一九八四年一月刊）であろう。

利根川文化研究会の機関誌『利根川文化研究』は、平成三年六月の創刊である。平成十七年二月に出た第二十六号は「川名登博士古稀記念特集号」である。この中で、川名と同会の活動が併せて紹介されている。なお、研究会設立十周年を記念して、平成十六年六月に『利根川・荒川事典』が刊行された。この事典の執筆者は、同会会員を含めて百六十四名にのぼる。

九　その他の専門分野の歴史学雑誌

その他、それぞれの専門分野でレベルの高い歴史学雑誌が発行されている。以下には、その中のごく一部分を紹介したい。なお、資金的な問題などから継続発行が困難になって、休刊や廃刊に追い込まれている雑誌もあるかと思う。その点を了解願いたい。

○日本思想史学会　『日本思想史学』
○歴史教育研究会　『歴史教育』
○わだつみのこえ記念館（東京都文京区）　『わだつみのこえ』
○「平和の塔」の史実を考える会（宮崎県）　『石の証言』
○旧制高等学校資料保存会　『旧制高等学校史研究』
○日本古文書学会　『古文書研究』
○全国歴史資料保存利用機関連絡協議会（広島県立文書館）　『同会報』
○日本近代史料研究会　『近代史料研究』
○国学院大学考古学会　『上代文化』
○古代学研究会　『古代学研究』
○中世史研究会（名古屋大学）　『年報　中世史研究』

○関東近世史研究会
○近世史研究会（東京大学）
○近世仏教研究会
○明治維新史学会（駒沢大学）
○横須賀開国史研究会
○町田市立自由民権資料館
○海事史研究会
○交通史学会
○郵便史研究会
○芸能史研究会（京都市）
○家族史研究会
○日本鉄砲史学会
○徳川林政史研究所

『関東近世史研究』
『論集きんせい』
『近世佛教』
『明治維新史研究』
『開国史研究』
『自由民権』
『海事史研究』
『交通史研究』
『郵便史研究』
『芸能史研究』
『家族史研究』
『鉄砲史研究』
『同研究紀要』

〔第四部〕民衆史学の旗の下に

第十章　民衆史学百四十年の概観

一　民衆史学とは何か

民衆史学は、民衆自身が執筆する創作活動であると共に、民衆のあらゆる部分を研究対象にした歴史学の一部門である。この新興歴史学は、近代化の進展の中で誕生したものである。民衆が近代思想を学習し、人権に目覚めた所産と言える。

従って、この学問の営みは百年以上の蓄積がある。発生の時期には諸説あると思うが、筆者は明治十年代の自由民権運動期か、社会問題が顕在化ないし激化する明治三十年代にあると判断している。以来、今日まで、民衆憲法創出の知的作業、地誌・地方史・郷土史の編纂刊行、探訪文学・記録文学・ルポルタージュといった表現スタイルの発明、大衆文学の興隆、一般ジャーナリズムの普及、民俗学の急成長、社会経済史学や農村社会史学の確立、新興教育運動の抬頭に刺激された教育史学の成長、伝統教団に束縛されない宗教史学や仏教史学やキリスト教史学の成立、在野を中心に起こった出版文化史学の確立など実に多種多様な動きを見せている。さらに市民運動、環境保全運動、消費者運動、社会運動、労農運動、学生運動などの、いわゆる現場から、雑誌や機関紙や小冊子やチラシといった多くの表現媒体が発信されている。これらも当然のことながら、民衆自身の手になる歴史学の創造である。

ここでは、それらの総てを紹介することは出来ないが、筆者の目に止まった作品を数点取り上げて、手短く解説し、その意義を明らかにしていきたい。

二　民衆史学の時代区分

民衆史学の歴史について、述べておこう。民衆史学の、学問としての歴史は百四十年間あると、筆者は考えている。この学問が急速に発展して絶頂期を迎えたのは、戦後の、昭和三十年代から昭和五十年代にかけてであった。民衆史学は、この三十有余年の間に日本社会に定着して市民権を得たのであるが、芽吹いたのは前述の通りもっと早い。民衆史学の形成展開のプロセスを概観して見よう。

ただ、近世中後期における自生的近代化の進展や町人文化の爛熟などから、民衆史学の胎動を論じていくべきなのかもしれない。が、ここでは一応、西欧からの近代思想の移入と摂取を境界線として、それ以降の歴史において、この流れを考察していきたい。

そうした大前提に立って、時代区分を行なうならば、以下の七つに分けることが出来るだろう。

① 明治時代の中後期から末期まで　民衆史学の萌芽期及び地盤の固定期
② 明治時代末期から大正昭和前期まで　民衆史学の第一次発展期
③ 昭和戦争期（日中、南方、太平洋戦争）　民衆史学の弾圧、停滞期
④ 敗戦後の昭和二十年代　民衆史学の復興期
⑤ 昭和三十、四十年代の高度経済成長期　民衆史学の急速なる発展拡大期
⑥ 昭和五十年代から平成初期まで　民衆史学の絶頂期
⑦ 平成初期から現在まで　民衆史学の成熟期

本来ならば、各時代の民衆史学の特色について詳述すべきだが、紙幅の関係からそれも出来ない。そこでポイントを絞って、数点を論じてみたい。

三　優れた研究成果は歴史学界の外側で

⑤の時代は、民衆史学が急速に発展し拡大した時代である。この二十年間は民衆の経済的な豊かさの獲得は言うに及ばず、国論を二分した安保闘争の激化、近代文明を根底から揺さぶる公害問題の発生、環境保全を訴える市民運動の高揚、大学アカデミズムの病根を抉り専門主義の限界を告発する学生反乱運動の全国的な盛り上がり、ポストモダンの流行など、民衆の主体性を確立せしめる、現代史の重大問題が次から次へと惹起してきた。民衆史学はその中で鍛えられて、成長していった。

その後における民衆史学の絶頂期について触れておこう。高揚の頂点とは、昭和五十六（一九八一）年十一月二十一、二十二の両日に横浜市の神奈川県民ホールで開かれた「自由民権百年全国集会」であろう。この大会には、全国の歴史家や教育者や市民など三千八百名が参集した。テーマは「自由民権と現代」である。その大会報告は『自由民権百年の記録』（三省堂、一九八二年八月刊）にまとめられている。

引き続き第二回大会は、昭和五十九（一九八四）年十一月二十三、二十四、二十五の三日間、都内の早稲田大学で開かれて、全国から二千六百名が集まった。大会テーマは第一回と同様である。この二つの大会は、民衆史学の底力を物語るものであり、自由民権の思想と運動の研究に従事する歴史家が全国に広範に存在することを示すものとなった。

さて問題なのは、現在の民衆史学である。成熟期に入ったことは間違いないが、明らかに往時の勢いを失っている。その主なる原因は、昭和モダニズム期に活躍した民衆史家が物故したり、高齢になって事実上第一線から身を引いたからであろう。つまりは引退したのであるが、その代わり彼らは歴史家の最後の責務として、自らが長年にわたり発表してきた論文や著述の数々を集大成して著作集を編纂刊行する、という作業を行なうことになった。例えば色川大吉、鹿野政直、安丸良夫には既に立派な著作集がある。こうした形で民衆史学の成果を残しておくことは、後進学徒にとって有益である。

ところが、色川ら先行世代の仕事を継承すべき戦後世代が、先輩たちほどの鋭い問題意識を有することなく、好事家的な実証主義を楽しんでいるかのような状態にある。それが、歴史学界内における民衆史学の元気のなさにつながっているのではないか。

ただし、優れた研究成果が発表されていないわけではない。その成果を生み出しているのは歴史学界ではなく、別の世界だと言う点が気になるのだが。つまり、民衆史学の本流が細ってしまい、隣接する諸分野でむしろ活発になっているのだ。なぜなのか。それは、民衆史学のダイナミズムや奥深さが広く認識されてきたからであろう。民衆不在の歴史叙述が味気なく、面白味に欠けると分かると、もう単純な法則史観や英雄史観には戻れないのだ。
筆者が評価する近年の研究成果は、次の通りである。

○古書趣味誌『彷書月刊』（一九八五年～二〇一〇年）※二五年通算三百号で休刊
○小尾俊人『出版と社会』（幻戯書房、二〇〇七年九月刊）
○鶴見太郎『柳田国男とその弟子たち　民俗学を学ぶマルクス主義者』（人文書院、一九九八年十二月刊）
○竹村民郎・鈴木貞美編『関西モダニズム再考』（思文閣出版、二〇〇八年一月刊）
○藤井忠俊『在郷軍人会』（岩波書店、二〇〇九年十一月刊）
○黒岩比佐子『パンとペン　社会主義者・堺利彦と「売文社」の闘い』（講談社、二〇一〇年十二月刊）
○小田光雄『〈郊外〉の誕生と死』（青弓社、一九九七年九月刊）
○島田裕巳『オウム　なぜ宗教はテロリズムを生んだのか』（トランスビュー、二〇〇一年七月刊）
○荒川章二『豊かさへの渇望』（小学館、二〇〇九年三月刊）「日本の歴史」シリーズ

の第十六巻

○山口昌男『「知」の自由人たち』（日本放送出版協会、平成九年十月刊）

NHK教育テレビ人間大学シリーズの一冊

○佐野眞一『宮本常一が見た日本』（同協会、同一二年一月刊）

同人間講座シリーズの一冊

○鎌田　慧『反骨のジャーナリスト』（同協会、二〇〇二年二月刊）

同人間講座シリーズの一冊

○小熊英二『１９６８』上・下巻（新曜社、二〇〇九年七月刊）

○酒井隆史『通天閣　新・日本資本主義発達史』（青土社、二〇一一年十二月刊）

○海野　弘『二十世紀』（文藝春秋、二〇〇七年五月刊）

○海野　弘『日本図書館紀行』（マガジンハウス、一九九五年十月刊）

○海野　弘『歩いて、見て、書いて』（右文書院、二〇〇六年十一月刊）

○丸浜江里子『原水禁署名運動の誕生　東京・杉並の住民パワーと水脈』

（凱風社、二〇一一年五月刊）

四　庶民感覚の古書趣味雑誌『彷書月刊』

古書趣味誌『彷書月刊』は二十五年間続いて、通算で三百号を出した。昭和六十（一九八五）年九月に創刊号を出しているから、民衆史学の時代区分からすれば、絶頂期から成熟期までの活動であったことになる。

この『彷書月刊』が生きていた二十五年間は、ちょうど古書ブームで日本中が盛り上がっていた時期である。『アミューズ』や『ノーサイド』などの趣味雑誌が、神田神保町を初めとした、全国の古書店街を特集する号を定期的に出していた。高等遊民と名付けてもいいような若手インテリが、都会を闊歩していた。そんな時代を象徴するような小粋で少々硬派な趣味雑誌、それが『彷書月刊』であった。雑誌の後半部分には、古書店の販売目録が多数掲載されていたが、少しも商売っ気を感じさせなかった。

同誌は特集主義を貫き、毎号ユニークな特集を組んで楽しませてくれた。

この企画力に脱帽であった。よくもこれだけ、次から次へと特集の企画が発想出来るものだと感心した。実は、同誌の作り手、すなわち編集長が実際に古書店を経営していて、仕事柄、日々、大量の古書、古雑誌、古文献を手にしていたのだ。小説家の石田千が、編集長の田村治芳をインタビューしてまとめた探訪記事「『彷書月刊』はもよりの雑誌だった。」(『神田神保町古書街　２０１１』、毎日新聞社、二〇一〇年十一月刊)を読むと、田村の柔軟な発想が、古書店の経営からきているな、と気付くのだ。

通算三百号の中には、飛鳥井雅道など近代史家を動員して作った号もある。第三巻第十一号(弘隆社、一九八七年十月刊)は「土佐の自由民権」を特集している。

この趣味雑誌は、反権力、反権威、の庶民感覚を失わなかった。民衆史学上から見ても、読んでおくべき評論や論文が多数掲載された。田村は、いい仕事を残してくれたものである。

五　海野弘のモダニズム研究

モダニズム研究で知られた海野弘の本を、三点あげておいた。この他にも、海野には好著や大作が多い。彼は大学に安住するアカデミズム学者ではない。

海野はとにかくスケールが大きい。肩書を付けるとすれば、文芸評論家であり、モダン都市探検家であり、サブカルチャー研究家であり、江戸学者であり、陰謀と書斎と百貨店の研究者である。小説も書いているから、作家でもある。まさに、現代の百科全書派だ。

こんな彼を、歴史家や民衆史家の範疇におさめるべきではないかもしれない。だが、彼の手によって生み出されてきた著作は、日本史の、西洋史のジャンルに入る歴史学の専門書である。特に『二十世紀』は海野の知的、思想的営みの一応の到達点、と見做すことが出来よう。この本は海野のモダニズム研究の手法を駆使した異色作である。本全体に、アカデミズム歴史家には真似出来ない、精神の自由さが脈打っている。そんな作品である。

海野の『歩いて、見て、書いて』は、サブタイトルに「私の一〇〇冊の本の旅」とある通り、彼がそれまでに世に出した百冊の著作を一点一点回想しながら綴る、読み物スタイルの業績一覧である。出版に至る経緯や編集者とのやりとりなど、いわば舞台裏事情にも触れているので、読んでいて楽しくなる。もっともこの『歩いて、見て、書いて』出版後に出た本もあるので、海野の全業績はもっと多い。

もう一点、海野の『日本図書館紀行』は、全国の図書館を巡った探訪記録なのだが、何度読んでも飽きない面白さがある。筆者も、この本に紹介されている図書館数カ所に、実際に行ったことがある。しかし、少しも体験が重ならない。書架から出してきた文献が、海野と筆者ではまるで違っていたのだ。

海野は、モダニズム研究の視点を持って、各地の図書館を回遊していた。そんな彼だから、筆者には分からない事実や切り口が提示出来たのである。特に、彼によって発掘され紹介された、全国のモダニストの数がいかに多いことか。全国の図書館には、大正昭和期に活躍したあまたのモダニストが眠っている。

図書館は、民衆の歴史が詰まった墓所でもある。それを発掘し解読する楽しみは、海野だけが専有すべきものでもないだろう。全国の民衆史家が、取り組むべき仕事である。

六　民衆史学の旗手たち

筆者が勝手に「民衆史学五人衆」と呼んでいるのは、東京経済大学の教員・色川大吉、早稲田大学の教員・鹿野政直、一橋大学の教員・安丸良夫、明治大学の教員であると共に常民大学運動を展開した後藤総一郎、獨協大学の教員であり市民参加の市史づくり（千葉県我孫子市）を主導した斎藤博である。筆者が大学の学生時代から読んできた、本の書き手ばかりである。

いずれも、東京都首都圏で活躍した（している）歴史家であるが、それにはそれなりの理由があるように思う。民衆史学が京阪神地方や中京地区で燃え上がらずに、東京都首都圏で抬頭してきたのは、この地域にモダンで高学歴で、経済力を有した市民層が分厚く存在しているからであろう。こうした人々は主体性を尊び、伝統に束縛されることを嫌い、新しいものを生み出すことを喜びとする、進取の気風に富んでいる。新興の民衆史学がこの地域から起こってきたのも、当然と言わなければならない。

七　人間発掘の色川民衆史学

④から⑦までの各時代に、深く、広く、民衆史学を研究してきたのが、色川大吉である。とにかく民衆史学にとって、彼の存在は大きい。彼がいなかったならば、この学問の、その後の展開は大きく様変わりしていたことであろう。民衆史学に、明確な輪郭と行くべき方向性を与えて、この学問の定義を可能ならしめたのは、彼の功績である。

色川は、日本敗戦による復員後に、東京大学に復学した。その卒業論文に「明治精神史」という題を付けたが、これはその後における、彼の民衆史学の展開を予感させるものがあった。それは「精神史」という概念を使用したことに、表れている。

これ以降、彼は、明治期から現代までの民衆の精神を執拗に発掘していくのである。その際立った成果は、昭和三十九年に発表した『明治精神史』（黄河書房）に結実している し、昭和四十八年十月に出した『新編　明治精神史』（中央公論社）において完成している。具体的に、民衆の精神を発掘していく作業とは、地方や地域に埋もれた人物を掘り起こしていくことである。色川は『新編　明治精神史』の「はしがき」に、以下のように書いている。

この第一部に登場する十数名の人間は、この本によってはじめて世に紹介され、歴史的人物として造型された、日本人の資質の諸類型を示す人民像である。一人の地方史家が十数人の人間発掘をなしとげ、それを生けるがごとく造型し、日本人民の歴史的財産を富ましめること、それこそが決定的な仕事である。

もし、全国で百人の地方史家が、この本にならって、それぞれ十人ずつ計千人の人間発掘をなしとげ、その思想を掘りさげ、形象化することをしたら、日本人民の歴史はいかに明るく、豊饒に、彫りの深いものになるであろうか。

色川が書いた通りに、民衆史学の理想像が実行されるならば、日本の歴史は大きく書き換えを迫られることであろう。地方の、地域の歴史家の仕事は、極めて重要である。地方史家は、一人で十数人の人間発掘を成し遂げなくてはならないのだ。

色川の主張は、今も素直に聞かなければならない。民衆史学とは、何よりも人間発掘の歴史学なのである。

八　鹿野政直の民間学

早稲田大学は、我が国における民衆史学の拠点と言っていいだろう。この伝統を形成してきたのは、西岡虎之助と鹿野政直の、二人の歴史家である。

鹿野には、『近代日本の民間学』（岩波新書、一九八三年十一月刊）という民衆史学の好著がある。鹿野は、昭和四十年代に起こった学生反乱（一般には大学紛争、学園紛争と呼ばれる）に、大きな衝撃を受ける。学生たちが告発したのは、大学（主に四年制）の運営や体質ばかりではなかった。大学が授ける、学問それ自体であった。

学生の大学告発を真摯に受け止めて、鹿野は学問のあるべき姿を探索していく。その成果が、『近代日本の民間学』である。

彼は本書で、日本の近代文明を理論的、技術的に支えた大学（特に官学）アカデミズムの〝加害性〟を指摘して、それとは根本的に違う「もう一つの学問のありよう」を民間に発見するのである。その学問を民間学と呼び、民間学の諸相として柳田國男、伊波普猷、柳宗悦、高群逸枝らを取り上げて、その知の世界を紹介していく。

鹿野は、同著の「あとがき」で、日本近代史の手ほどきを受けた恩師として洞富雄、西岡虎之助、深谷博治、家永三郎、の四名を挙げているが、それに加えて地方史家の存在を忘れない。彼は「いま一つは、各地でめぐりあった歴史学にいそしむ人びとの面影である。その学識、その語り口は、その人生観・世界観ともども、無限の教訓を与えてくれている」と感謝する。

鹿野には『近代日本の民間学』の他にも、多数の著書がある。

彼の代表作は、『資本主義形成期の秩序意識』（筑摩書房、昭和四十四年十二月刊）であろう。この『資本主義形成期の秩序意識』は、思想史学の大著である。フランツ・ボルケナウの『封建的世界像から市民的世界像へ』（みすず書房、一九六五年九月刊）を連想させる所がある。ボルケナウのこの本は、歴史学界でも広く読まれてきた。鹿野も読んで、影響を受けていたのかもしれない。

ところで『資本主義形成期の秩序意識』と『近代日本の民間学』の中間に位置する論文に、「日本のサブカルチュア研究史」がある。彼が『思想の科学』（思想の科学社）の一九七五年四月臨時増刊号に、発表したものである。この論文は、やはり「もう一つの学問のありよう」を探索した成果である。

鹿野は「近代日本ではアカデミーの外に、民間の厖大な研究者層が存在したこと、かれらの関心が、必ずしもアカデミーのそれに追随するものではなく、もっと生活的な視点に発するものであったこと、サブカルチュアとされているものへの追求ないしその発掘・再認識が、主としてかれらによってになわれた」と書いている。

確かに、民間の厖大な研究者層と、その業績量には圧倒される。筆者も、若い時には古書即売展に足繁く通ったが、会場に置かれた古書や古雑誌の量にはただただ驚くばかりであった。時間をかけて、それらを手にとっていくと、民間の研究者が著した労作が少なからずあることに気づく。鹿野と同じように「もう一つの学問」を、そこに実感するのだった。

九　柳田國男の右腕と言われた、橋浦泰雄の思い出を書く石塚尊俊

行政区分上、山陰地方とは、島根県と鳥取県を合わせて言う場合が多いが、慣習的には、兵庫県から山口県までの日本海側を指している。この地方は第一次産業が主であり、人口が少ない。例えば島根県と鳥取県を合わせても、百五十万人に満たない。

だが、山陰地方の人々は勤勉である。この特性がプラスに働いて、過去に数多くの著名な学者を輩出してきた。

特に、歴史学や仏教学の方面に、有名な学者が誕生している。例えば島根県松江市出身の、仏教学者で思想史家の中村元。島根県石見地方の真宗寺院の出で、マルクス主義の歴

史家として知られた服部之総。兵庫県と鳥取県の県境に生まれた、真宗大谷派の学僧・安田理深。この三学者は、業績から見て一流の人物である。

山陰地方は、民俗の宝庫である。それが数多くの民俗学者を育てた。学会活動も盛んである。山陰民俗学会はその代表的な存在であろう。

山陰民俗学会は、島根日日新聞社（本社は出雲市）から、全十二巻の『山陰民俗叢書』を刊行した。その中の一冊、第十二巻『採訪記・人物誌』（平成十二年一月刊）は、民俗学者たちの足跡と逸話と業績をまとめた、人物事典のようなものである。

同学会は、半世紀を越える活動歴を有している。機関誌にも変遷がある。『島根民俗通信』に始まり（八号発行）、それが『出雲民俗』へと改題され（二十一号発行）、そして『山陰民俗』にバトンタッチされた。

この『山陰民俗叢書』が出た頃には、『山陰民俗』は六十号を数えている。この機関誌三誌の他にも、普及誌として『伝承』を、昭和三十四年から五年間、十六号出しているので、四誌合わせると、総数は百五号に達する。

この間に掲載された論文、報告は数百編になる。山陰民俗叢書の「発刊の弁」によれば、四誌百五号を以て「山陰を中心とするこの一帯の民俗学上の主要課題」は、ほぼ網羅しているという。そこでこれら論文、報告を部門別に編み直して、全十二巻にまとめることにした。

第十二巻は、人物事典のようなものだ、と書いた。その中でも、石塚尊俊の人物論が光っている。「橋浦泰雄氏を偲ぶ」（初出『鳥取民俗』誌、二号、昭和五十二年二月刊）は、石塚が昭和前期の在京時代（国学院大学に学ぶ）に出会った橋浦泰雄の思い出を綴っている。石塚は日本民俗学の草創期を知る、いわば民俗学第一世代である。島根県ないし山陰地方への、民俗学の移入上、重要なポジションに立つ人物である。その意味からして、この一文は、史料的にも貴重なものであろう。

橋浦は鳥取県出身の民俗学者である。彼は民俗学と、マルクス主義の社会運動の両面で活躍した。柳田國男の右腕と言われた逸材である。その雰囲気は、社会主義者の幸徳秋水によく似ていたようである。石塚はその橋浦について、以下のように書き残している。

（橋浦さんは）本もかなりお書きになりましたが、私はその中で代表作というのは、『日本民俗学における家族制度の研究』でしたか、あの戦時中お書きになったものが、一番光っているんじゃないかと思います。柳田先生の明治大正世相篇の労働の箇所は実は橋浦さんが代筆なさったということを柳田先生ご自身おっしゃっていますから、そういう方面では、先生も高く橋浦学というものを買っておられたと思うものです。

柳田の『明治大正史　世相篇』は、朝日新聞社から昭和六年に出ている。筆者は同書の原本を所有していないが、講談社学術文庫に収められた新装版（一九九三年七月刊）を持っている。この文庫本に付された、桜田勝徳の解説によると、『明治大正史　世相篇』は昭和六年の始めに出版された、とのことである。なお『明治大正史』そのものは、全六巻からなり、第一巻の「言論篇」（筆者は美土路昌一）は、昭和五年十月に出ている。

当時、柳田は朝日新聞社の論説委員であった。石塚の指摘する通りだとすると、橋浦が代筆した「労働」の箇所とは第十一章「労力の配賦」であろう。実は、この『明治大正史　世相篇』は、最初から最後まで、柳田自身が独力で仕上げた作品ではない。彼の周囲にいた若い弟子たちが協力して、完成させたものである。本書の自序の中で、柳田は中道等、桜田勝徳の二人の名前を挙げて感謝の言葉を記している。しかし、橋浦については特に明記していない。これはいかなる理由によるものなのか、判然としない。

柳田には、マルクス主義者の橋浦の名前を序文に記すことは出来なかった、と推察される。もしそれをすると、社会的に様々な悪影響が発生して、柳田も萌芽期の民俗学も、窮地に追い込まれた可能性があるのだ。

十　飯塚友一郎の民衆演劇論

民衆芸能、民衆演劇の史的研究は、歴史学の重要なテーマである。この学問領域は、意外に広くて深い。

大正昭和前期に活躍した、民衆芸能の研究家に飯塚友一郎がいる。飯塚は戦後に鎌倉アカデミアの初代学校長を務めた人物である。鎌倉アカデミアは、民衆大学として有名である。二代目の学校長である、三枝博音《さえぐさひろと》の方が有名であるが、三枝の前に初代・飯塚がいたことを記憶すべきであろう。

その飯塚に『農村劇場』（大鐙閣、昭和二年十二月刊）という専門書がある。

筆者は、南木芳太郎と『上方』の歴史家たちを取り上げた第一章で、飯塚については触れている。彼は、庶民感覚を有した、歩く民衆史家であった。彼は『農村劇場』の結論で「（芸術は）民衆の支持なくしては骨董化するより他ない」と書いている。

この論は、歴史学（当然ながら民衆史学も）のあるべき姿を考える時に、極めて示唆に富むものである。民衆の支持をなくした歴史学（民衆史学）は、骨董化するより他ない、のである。歴史学を骨董趣味に終わらせてはならない。飯塚に言わせれば、農村劇場論、民衆演劇論は「思想問題に関連し、労働問題に係累し、宗教問題の領域にさへ侵潤して」

いるものであり、民衆が生きる現場に、しっかりと根を張った総合学なのである。

十一　民衆史学会の設立を望む

以上、筆者の目に止まった民衆史学の作品を何点か取り上げて、解説を付してみた。民衆史学の優秀作品は、実際にはもっと多い。真正面から、この歴史学の形成・発展・成熟のプロセスを叙述するとなると、それだけで十分に一冊の専門書となるであろう。

民衆史学は七段階を経て、今日に及んでいると記述した。それぞれの時代には優秀な民衆史家が活躍して業績を残す一方、多種多様な歴史学運動（前述した自由民権運動の百年全国集会は代表的な事例、その他にも地名・公文書・古文書の保存運動など）を起こしてきた。それらも含めて、民衆史学の百四十年史は書かれなければならないのだ。作品と民衆史家と民衆史学の運動と、包含すべき領域は極めて広い。

こうしたテーマは個人でやるよりも、学会を設立して老壮青の各世代の歴史家を総動員してやった方が良いのは言うまでもない。民衆史学会の設立を望む所以である。

第十一章　著作目録は学者の通信簿

一　著作目録を通して本物か偽物かを見極める

都市モダニズム研究の第一人者である海野弘には、自著百点を解説した「読める著作目録」がある。この目録には工夫が見られる。著述活動に入った一九六〇年代から二〇〇〇年代までの、およそ五十年間を、基本的に十年ひと区切りで、各十年間の社会の空気を織り込みながら著作の数々を紹介しているのだ。しかも、その一点一点について、出版に至るまでの経緯や編集者との交友に触れながら回顧しているので、読んでいて楽しい。

その「読める著作目録」とは、『歩いて、見て、書いて　私の一〇〇冊の本の旅』(右文書院、二〇〇六年十一月刊)である。この本には「海野弘街周遊地図」と題された一枚刷りの付録がついている。百点の著作を、テーマ別に紹介しているのだ。旅をテーマとした著作が十二点、同じく風俗・時評が十三点、日本・江戸・東京が八点、空間が七点、美街が十三点、映画・音楽・ダンスなどが八点、都市が十点、文化史・カリフォルニアが十二点、陰謀・秘密結社が七点、人物が三点、小説が七点である。こうした著作の括り方は多分、編集者が行なったものであろう。当然、別のジャンル分けも可能であろうが、これを見ていると、海野の学問の切り口が実に多様であることが分かる。現代の都市モダニズムから飛び出して、江戸に関心を移したり、陰謀史観や秘密結社の研究に没頭したりと、とにかく幅がある。おまけに小説という表現スタイルまで採用して、海野ワールドを構築しようとしている。

この情熱、野心に勝てる、いや業績に優る大学の学者がいったい何人いるだろうか。海野は在野の歴史家であり、文芸評論家である。大学が用意した知的環境を使用できる、恵まれた立場にあったわけではない。おそらく独力で蔵書を形成して、取材費用も自分で調達して、あれやこれや研究活動を継続してきたのであろう。その積み重ねが、百点の著作につながった。むろん彼においては、百点がゴールではなかった。これ以降も執筆活動を続けて、著作の数を増やしたのである。

大学には、著作を一点も持たない学者がいる。学術論文を書かなくなって久しい学者が多数存在する。この事実に比べれば、海野の実績は立派だ。百点有余の著作数は、大学者、大歴史家と呼ぶのに相応しいだろう。教育社会学の新堀通也は、昭和五十三年四月に出した『日本の学界』(日経新書)で、教育学を専門にする研究者のうちで、過去十年間(ということは、昭和四十年代から五十年代初めにかけて)に一回も論文を発表しなかった人が全体の半分、今までに著作を一点も出していない人が同じく八割、教育学関係の学会に所属していない人が全体の三分の一に達する、と報告している。

この『日本の学界』が発表されてから、三十五年以上の年月が経過している。新堀が指摘した寒々しい学界状況は大きく改善されているかもしれない。また、歴史学など他の人文社会諸科学には、そもそも、こんな怠惰な人たちは存在しないのかもしれない。

そういう風に思いたいのだが、筆者がこれまで見聞きしてきた事実はそんな楽観を許さない。例えば、大学に専任ポストを得るまでは指導教員の下働きを積極的にやり、学内の紀要に論文をせっせと発表し、各方面から資金をかき集めて、それらを一冊の専門書にまとめる努力をしてきた三十代の若手が、見事に目的を達成して念願のポストを獲得したら最後、骨の折れる研究現場から急に離れて、ついには名ばかりの学者に堕していく。

こうなると、還暦を迎えた時が哀れだ。学界では、還暦を記念して、論文集を編纂刊行する慣習がある。学者仲間や門下生が論文を寄せて祝ってくれるのだが、肝心の本人は論文を書かない。書けない。早々に研究活動を放棄しているのだから、当たり前である。

いや、それにはいろいろと理由をつけて、ごまかすことが出来るかもしれない。だが、深刻なのは、この種の論文集の巻頭を飾る著作目録が載せられないことである。ポストにあぐらをかいて、六十歳まで真剣味に欠けた遊民生活をやってきたのだから、論文は若い時に書いた十本程度。著作は、出世のために、それら論文をまとめた一点だけ。この人の業績（らしきもの）は、結局一頁もあれば、全て収まってしまうのである。海野のように、三百頁以上もある「読める著作目録」など、とても組めないのである。

学者稼業は、生涯をかけた大事業である。その苦闘を記録した著作目録は、蓋し学者の通信簿である。本物か偽物かは、それを見れば分かるのである。

二　宮本又次の著作目録集

誤解しないで欲しい。大学の学者、歴史家の総てが落第ではない。立派な人は多い。九州大学や大阪大学などで近世経済史を教えた宮本又次は、多産の歴史家として知られている。彼は平成三（一九九一）年三月十二日に八十四歳で没しているが、生前に講談社から全十巻の著作集が刊行されている他、昭和六十二（一九八七）年には宮本自身が編著者となって『天地有情』と題した著作目録集（プラス短文十七編）を出している。

実に立派な歴史家人生である。自らの学問の総決算を果たしてから今生に別れを告げるという生き方は、男子の本懐であろう。なお、この『天地有情』は宮本の傘寿を記念して刊行されたもので、彼自身が記した詳細な略歴と「著書・編著目録の解題」は宮本史学の全体像を余すところなく伝えている。

もう一人、仏教史家の田村圓澄《えんちょう》の『著作目録』（吉川弘文館製作）を紹介しよう。田村の著作目録は昭和五十五（一九八〇）年に出ている。同年三月現在のものであり、旺盛な著述活動は続行中であった。この目録は詳細を極める。著書、編著書、共著はもちろんのこと、論文、概説・解説、辞典項目の解説、新聞掲載の解説、随想、書評、そして個人雑誌一覧まで付している。加えて講演や座談会・シンポジウムの記録まで掲載される。

田村は昭和十年代の初めから、日本仏教史に関する論文を発表してきた。主著は『日本仏教史』（法藏館）全五巻・別巻一巻である。事実上の著作集とみて間違いないだろう。彼は九州大学文学部国史学科の卒業で、九州大学、熊本大学で教えて、九州歴史資料館の館長を務めた。彼の歴史家人生も文句のつけようがない。

三　内藤正中の著作目録を発表した鳥取短大・北東アジア文化総合研究所

鳥取県倉吉市に鳥取短期大学がある。同短大には、北東アジア文化総合研究所が設置されている。初代所長は、自由民権運動の研究で知られた近代史家の内藤正中である。内藤は島根大学法文学部を定年退官後、平成五（一九九三）年四月に鳥取短大（当時、同女子短大）の教員として就任し、翌年七月に所長になっている。平成十六（二〇〇四）年三月に同短大を退職し、同二十四年十二月十六日に、八十三歳で死去している。

内藤は学問領域の広い学者であった。戦後における自由民権運動の研究では時代を画す成果を残した。山陰地方の自由民権運動研究においては、依然として彼の業績を超えるものは出ていない。その他、日朝関係史、労働運動史、近代農業史などにも積極的に取り組んで多大の研究成果をあげた。著作の数が二十四点、編著書が三十六点であり、論文は百二十二点に達した。

彼は生前に著作目録を出すつもりで準備していたようである。だが、それを果たすことなく旅立ってしまった。彼が記した一覧草稿を同短大の北東アジア文化総合研究所が加筆して整理し、同研究所の紀要『北東アジア文化研究』第三十八号（二〇一四年二月刊）に発表している。内藤もさぞや喜んでいることだろう。

なお彼が研究に使った蔵書は、島根県立図書館に移されて内藤文庫として保存されているという。今後は、島根大学と鳥取短期大学が共同で彼の著作集を編纂刊行する計画を立案し、実行して欲しい。何巻になるか分からないが、これで内藤史学の総仕上げは完了するだろう。

終章　反骨のアントレ歴史家をめざせ

一　アントレ歴史家の定義

アントレとは、「アントレプレナー」を略した言葉である。一般的には、企業家あるいは起業家と訳されている。従って「アントレ歴史家」とは、歴史学界の起業家という程度の意味である。筆者の造語である。

具体的にアントレ歴史家を説明すると、次のようになる。

①大志を抱いているが、決して世渡り上手ではない。

②自立した学徒である。大学の学閥や既存の権威を頼りとしない。むしろ自分自身が学界における新興の権威者になろうと努力する。

③上記と重なるが、歴史学の世界に新しい波を起こす人である。柔軟な発想が出来て、鋭い問題意識を持ち、未知の分野に挑戦したり、独自の方法論を確立して歴史を再構成することが出来る。

④志を同じくする学徒を集めて学会や研究会を立ち上げ、革新的な歴史学の雑誌を創刊することが出来る。

⑤資金集めが上手である。学問にしろ事業にしろ、資金がないことには始まらない。

⑥カリスマ性があり、大衆や市民を動員することが出来る。

⑦市民や地域住民のために、開かれた学びの場を作って、歴史学の成果を提供することに喜びを感じる人である。

⑧反骨の学者である。右傾化した政府が、学問の自由や表現の自由を弾圧して、国家統制を強化しようとする時、これを拒絶して、護憲の立場から、断固抵抗する人である。

⑨地名保存や古文書・公文書保存のために運動を起こす人である。

⑩史資料保存の重要性が分かっており、独力でも資料館や図書館や博物館を建設することが出来る人である。

⑪出版社に、歴史学に関する出版企画を提案して実現させる人である。

本書には、こうした条件を満たす歴史家が多数登場している。

さらに補足して、このタイプの歴史家を紹介すると、例えば大衆文学史の尾崎秀樹の名前をあげることが出来よう。彼は既に没しているが、この分野では開拓者的な立場にある人物である。彼に先立って、木村毅《き》や中谷博といった研究者がいたが、質と仕事量から見て尾崎に軍配があがるだろう。

しかも尾崎は、大衆文学の研究を個人で行なうのではなくて、仲間と研究会を組織して雑誌を創刊し、文学界、歴史学界、マスコミなどにアピールした。雑誌『大衆文学研究』（南北社）は昭和三十六年七月に誕生している。彼が著した『大衆文学の歴史』上・下巻（講談社、一九八九年三月刊）は、斯界への道案内の本として最適である。

スケールの大きなアントレ歴史家の代表格は、大宅壮一であろう。大宅は一般には評論家ないしジャーナリストとして扱われてきたが、彼が実際に取り組んだテーマやフィールドは、明らかに近現代史家の仕事と重なるものだ。

彼の徹底したアントレプレナーぶりは、様々な逸話となって残っている。その中で特筆すべきは、我が国最大の雑誌文庫である大宅壮一文庫を設立したことであろう。この文庫は、大宅の鋭い歴史観の中から生まれたものである。時代の空気を閉じ込めているのは、雑誌なのだ。多種多様な雑誌を蒐集して、それらをフルに使いこなせば、リアルな現代史が執筆出来ると、大宅は考えていたのである。今日、同文庫はマスコミの世界で仕事をするる者にとって、欠かすことの出来ない存在となっている。

二　佛教大学こそ『京都史壇』を創刊せよ

京都市には、古都らしい歴史学の雑誌があってしかるべきだと思う。いや、歴史学徒からは『日本史研究』という戦後すぐに創刊された伝統の雑誌があるではないか、京大を初めとした主要な大学には、これまた歴史学関係の学科や専攻があって、充実した大学紀要が多数発行されているではないか、と反論が出てきそうである。

そうした意見に、何ら異論はない。だが、たとえそうであったとしても、やっぱり古都らしい、しっかりとした歴史学雑誌が欲しい。雑誌のタイトルは、ずばり『京都史壇』である。

第三部で、「歴史学雑誌の世界」について書いた。この中の、第八章「地方史学の歴史学雑誌」を読んでもらえれば分かると思うが、我が国には誌歴の古い地方史学の雑誌が数多くある。この中には、戦前から継続して発行されている雑誌も少なくない。ところが、京都市にはそうした地域を代表する歴史学雑誌がない。

書き手がいないのか。特集を組むべきテーマやネタがないのか。いやいや、そんなことはないのだ。むしろ他の地方、地域に比べて、テーマやネタは溢れるほどある。資金を出してくれそうな企業は、十分に立地している。固定読者も集まりそうだ。では、なぜ、この種の雑誌が創刊されないのだろうか。それは、アントレ歴史家がいないからである。よし、やってみようと挑戦する、若き歴史学徒がいないのである。

仏教界のアントレプレナーに、水谷幸正がいた。

彼は仏教学者に属するが、いわゆる手腕家であり、鋭い時代感覚を持っていた。戦後における佛教大学発展の礎を築いた。佛教大学の学長、浄土宗の宗務総長など要職を歴任した。まさしく現代仏教史の中央を、まっしぐらに突き進んだ男であった。

水谷の行動力は、仏教界には珍しかった。まるで、企業家のような雰囲気を醸し出していた。残念ながら既に他界しているが、彼が残したアントレ魂は佛教大学に生きている。

平成二十二年四月、佛教大学に、我が国で初めての歴史学部が誕生した。これなど水谷の、進取の気風が生きている証拠ではないだろうか。あくまでも筆者の提案である。佛教大学ならば『京都史壇』を創刊することが、出来るのではないだろうか。

三　最高級のアントレ歴史家　奈良本辰也

第三章「学問の都のレジスタンス」で、奈良本辰也を取り上げた。

奈良本は、大正二（一九一三）年十二月十一日に山口県大島郡大島町小松に生まれ、平成十三（二〇〇一）年三月二十二日に、八十七歳で没している。彼の没後、遺族から京都造形芸術大学芸術文化情報センターに、奈良本旧蔵書約一万二千冊が寄贈されている。同大ではこれを「奈良本辰也記念文庫」と名付けて公開している。奈良本は昭和六十年に、同大を運営する学校法人瓜生山学園理事に就任している。その縁から、寄贈されたようである。

奈良本は日本史学の分野で多大の業績を残したが、活躍の場はそれに止まらず、部落問題研究所や信州農村開発史研究所の所長などを歴任している。そして滋賀県大津市や京都市の市史編纂にも加わっている。

まさに、彼は最高級のアントレ歴史家であった。若い頃から、学会、研究会を創設することにも積極的であった。自然直耕を唱えた安藤昌益の思想の特質を明らかにするために、昭和二十三年には服部之総《しそう》、三枝博音、丸山真男、平野義太郎らと安藤昌益研究会を立ち上げた。敗戦後には、京都市で林屋辰三郎らと日本史研究会を組織して、昭和二十一年五月には歴史学雑誌『日本史研究』を創刊している。この研究会は旧来の大学の枠にとらわれない、自由な学会組織を目指したものであり、いかにも奈良本らしいモダンで自由な精神が脈打っている。

奈良本の歴史学の特長は、人間尊重主義にあった。硬直した、左右両翼の歴史観をバッサリと切り捨てて、逞しく時代を切り開いていく人間の生きざまを好んで描いた。

立命館大学を退職後には、邸内に、奈良本歴史研究室を開設した。昭和四十六年のことである。実はこの年、東京都の三一書房から新しい歴史学の雑誌『季刊　歴史と文学』の創刊号が出ている。編集委員には奈良本の他、会田雄次、原田伴彦ら京都市にゆかりのある学者が名前を連ねていた。創刊号の奥付を見ると、編集室の場所は、東京都内ではなくて、京都市左京区北白川東伊織町である。編集者は『季刊　歴史と文学』の会であるが、実際の編集作業は奈良本歴史研究室の若手が担っていたのではないか、と考えられる。彼は、そうした編集の実務を若手に勉強させることで、彼らを鍛えようとしていたのかもしれない。

四　友松円諦の活動を資金面で支えた経営者

友松円諦ほど、多方面で活躍した学者はいない。

仏教経済史学という新しい学問分野を開拓した歴史家であった。仏教関係の新聞や雑誌を蒐集して、保存する運動を繰り広げたこともあった。加えて、昭和の時代に「全日本真理運動」という名の、大衆、市民を対象にした信仰文化運動を展開したこともあった。いずれも、資金面での裏付けがないと継続出来ないものばかりである。彼の持ち出しや、周辺にいた関係者からの資金協力はむろんあっただろう。が、それだけでは足らないのは言うまでもない。実は、友松を支えたスポンサーが存在したのである。藤井栄三郎という人物である。友松の、欧州留学の前から援助していたという。友松が取り組んだ信仰文化運動にも、理解があった。藤井は化学業界で成功をおさめた経営者であった。友松は、いわば革命児である。藤井は、その友松を全力で応援してやろうと、強く思ったのであろう。

五　尾崎行雄の「人生の本舞台」論

日本の憲政史上に燦然と輝く「憲政の神様」尾崎行雄に、『人生の本舞台』（中部民論社、昭和二十一年七月刊）と題した小冊子がある。わずか二十四頁の短い随筆だが、老境の尾崎が達観した人間道を綴った、含蓄のある作品である。

尾崎は、昨日までの人生は人生の序幕であって、今日以降がその本舞台である、と前置きして、次のように感慨を披瀝している。

有形の資産は、老年に及んで、喪失することもあるが、無形の財産たる知識経験は、年と共に増すばかりで、死ぬ前が、最も豊富な時である。故に最後まで、利用の道を考へねばならぬ。

これは「前がき」にある文章だが、巻末には短歌が五首紹介されている。その中の一首は、次の通りである。

越し方に重ね重ねし過ちは
　　行く手を照す光なるべし

尾崎は、こうした思いを綴り、それを出版することで、敗戦に打ちひしがれた国民に対して、落胆することはない、これまでの苦しい体験は今後における民主化の大きな糧となるであろう、と激励したかったのである。

人生遍歴の全てを肯定し、それらを肥やしにして今日以降の人生に活かしていく本舞台論。この考え方こそ、歴史学を志す者が身に付けるべき信条である。あらゆる知識や体験が、歴史学にとってはプラスなのである。無駄な体験など、ないのだ。様々な職業が、歴史学の創造にとっては有益なのである。若き学徒が社会で積む体験は、歴史家として大成するための、準備なのである。尾崎の人生訓は、このように受け止めるべきであろう。

六　自治体史や社史の編集プロダクションを立ち上げる

就職口がなくて困っている、若い歴史学徒は大勢いることだろう。だいたい、大学の歴史学関係の学科や専攻を卒業した若者の就職先は、小中学校や高校の教員、博物館などの学芸員、図書館のライブラリアン、出版社の編集者、新聞社の取材記者といった所が相場であろう。こうした職業は、手堅い部類に入るし世間体もいいが、もっと未知の分野に挑んでもいいのではないか。

例えば大学院の修士課程を出たくらいの人ならば、立派な歴史学者である。就職先が見つからないのであれば、同学の仲間数名で、歴史学プロダクションを立ち上げてみてはどうだろうか。何が何でも会社組織にする必要はないが、しっかりとした組織にしておきたいと考えるのであれば、広く出資金を募って株式会社にしておくのも悪くはない。事業は自治体史、社史、団体史、学校史などの編纂刊行である。

この方面は今後、需要が増してくるはずである。例えば平成の大合併によって誕生した自治体では、そろそろ新しい通史の刊行が必要になってくる。そういう所が、全国に沢山ある。会社の歴史（社史）をまとめておきたいと考えている企業経営者も多いはずだ。こうした所から、仕事を一件受注すれば、最低でも五年、十年の間は食べていけるだろう。完成するまでは、しっかりと予算が付くのだから。

若い歴史学徒は、アントレ魂を抱いて、どんどん社会で活躍してもらいたいものである。社会に出る気概もなく、いろいろな肩書を付けてもらって長く大学に居座っている人、指導教員の下働きや〝ご機嫌伺い〟をして、どこか適当なポストを恵んでもらおうなどと考えている人たち。そういう消極的な生き方は、きっぱり捨てた方がいい。歴史学は、現場にあるのだ。現場で格闘しながら、歴史学は書かれなければならないのである。

自治体史や社史の編纂事業に参加して、生計を立てていた先人は多い。例えば、戦前の話であるが、京都帝国大学の国史学を卒業した牧野信之助は、その歴史家人生を地方の自治体史編纂に捧げた。京大では三浦周行に学び、福井県史、滋賀県史、堺市史、北海道史などの編纂事業に参画し、各地方で史資料を蒐集する一方、通史の執筆まで担当した。

こうした現場での体験は、専門の論文執筆にも活かされている。牧野には『武家時代社会の研究』(刀江書院、昭和十八年一月刊)という中近世史の学術書があるが、この本は紛れもなく地方史行脚の結晶である。

幸田成友にも、若い頃、大阪市史編纂事業に従事した経歴がある。彼は、八年間関西にいた。その時、古典籍商の鹿田松雲堂との付き合いがあった。同店には内藤湖南などの常連客がいて、同店が発行する古書販売目録に掲載される貴重書や珍本をめぐって争奪戦が演じられた。この辺の逸話は、神田喜一郎が著した『敦煌学五十年』(二玄社、一九六〇年五月刊)に出てくる。

幸田は、史資料の保存の必要性を痛感して、専門の収蔵機関「人民文庫」の設立を訴えていた。

七　家永三郎の売り込み

あの家永三郎が、である。日本思想史学の大家で教科書裁判の原告として自民党政権に真っ向から勝負を挑んだ反骨の歴史学者の、あの家永三郎がである。平身低頭して出版社に、原稿の売り込みに出向いたことがあったのである。

この逸話は、売り込みにきた家永の、相手をした編集者の回想録に出てくる。記録を残したのは、山田宗睦《やまだむねむつ》である。山田は京大の哲学科を卒業した哲学者として知られているが、若い頃には出版社の編集者であった。勤務していたのは、東京大学出版会であった。彼が執筆した『職業としての編集者』（三一書房、新書、一九七九年十二月刊）には、家永との出会いを次のように描写している。

家永三郎『日本近代思想史研究』（一九五三年一二月）は、もちこみであった。たまたま居合せて、応対した。家永三郎という名には一種のなつかしさがあった。わたしが旧制高校生のとき、弘文堂の教養文庫というのがあった。その中に家永三郎『日本思想史に於ける　否定の論理の発達』（一九四〇年）という本があった。西田幾多郎から田辺元につがれた京都の哲学は、その一つの軸を〝否定の否定〟の論理においていた。右の本は田辺の哲学に触発されて書いたものである。

名刺には家永三郎とあるが、わたしはもっと年輩の人だと思っていたし、眼前にした家永さんは若く、細面で小じんまりした感じであった。声はかん高く、かなり早口である。風呂敷包みから一束の原稿—ほとんど抜刷りに手を入れたもの—を出し、近代思想についての論稿が一まとまりついたので、出せるものなら出してほしい、と用件を言われた。

家永は、東京大学出版会に飛び込みでやってきて、論文がたまったのでこれを本にして出して欲しい、と頼んだのである。この時、家永は四十代前半だったと思うが、誰か力のあるボス的な学者や大学の幹部に口を利いてもらう、といったことを一切していない。自らが直接出向いて、山田と交渉している。行動力のある男だ、と思う。

家永の飛び込みに習って、若き歴史学徒よ、積極的に自分の作品を売り込んで欲しい。伸びようとする、若い力を助けてやろうという援助者は、必ず出現するものだ。直進あるのみ、である。

還暦を迎えた著者の紹介

安食文雄（あじき・ぶんゆう）島根県出雲市（旧簸川郡斐川町）出身
昭和31（1956）年10月30日生まれ
史学者、ジャーナリスト、無寺院派の浄土仏教者
専攻　近現代の民衆思想史と仏教史

昭和44（1969）年3月　出東小学校卒業
昭和47（1972）年3月　斐川東中学校卒業
昭和50（1975）年3月　島根県立出雲高校普通科卒業
昭和54（1979）年3月　龍谷大学文学部史学科国史学専攻卒業
昭和57（1982）年3月　龍谷大学大学院文学研究科修士課程修了
平成5（1993）年12月　浄土宗大本山増上寺伝宗伝戒道場成満

大学院を出てから、仏教書営業マン、仏教専門新聞記者、政策提言誌記者、地域経済誌編集キャップ、流通新聞記者を経験する。

〔著書・論文・評論・記事・随想〕

『私家版　現代浄土教列伝』（編集工房アミータ、１９９３年３月刊）

『粗食にしなさい！』（共著、東邦出版、２０００年11月刊）

『２０世紀の仏教メディア発掘』（鳥影社、２００２年８月刊）

『三田村鳶魚の時代』（鳥影社、２００４年８月刊）

『モダン都市の仏教』（鳥影社、２００６年９月刊）

「村落共同体と田中正造」（『龍谷史壇』第78号、龍谷大学史学会、１９８０年３月刊）

「明治前期における田中正造の在村的近代化構想」（『国史学研究』第13号、龍谷大学・国史学研究会、１９８７年３月刊）

「日本近現代史の中の企業と宗教」（『龍谷史壇』第１０９・１１０合併号、龍谷大学史学会、１９９８年３月刊）

「近代浄土宗の戦争責任と戦時教学問題」（福嶋寛隆編『日本思想史における国家と宗教』下巻所収、永田文昌堂、１９９９年２月刊）

「〈こだま欄〉頭脳流出防ぐ　大学の新設を」
（『山陰中央新報』、山陰中央新報社、昭和62年1月11日号）
「〈日曜広場〉「島根学」実践　郷土顧みよう」
（『山陰中央新報』、山陰中央新報社、昭和63年1月17日号）
「特集　浄土宗西山禅林寺派管長　久我儼雄氏の晋山式」
（『中外日報』、中外日報社、昭和59年5月刊）
「頌春随想　十牛図　長沢芦雪」
（『中外日報』、中外日報社、昭和60年元旦号1面）
「特集　龍谷大学創立三百五十年」
（『文化時報』、文化時報社、１９８９年刊）
「特集（浄土真宗）本願寺派都市開教」
（『文化時報』、文化時報社、１９９０年刊）
「タイムアンドアングル欄　宗教と差別シンポジウム（『清沢満之全集』）第五巻に差別表現が　清沢批判、『全集』発売禁止に波及〝近代教学〟の見直しに拍車」
（『文化時報』、文化時報社、１９９０年4月28日刊）
「２１世紀仏教の胎動①　ボーダレス化の中の企業と仏教」
（『文化時報』、文化時報社、１９９２年1月刊）
「宗教記者とは―高橋良和師亡き後―」
（『火曜日』第3号、龍谷大学・近代日本思想史研究会、１９８９年6月刊）

「学者の闘いと記者の闘い」（『近代思想史研究』福嶋寛隆先生還暦記念号、龍谷大学・近代日本思想史研究会、1998年刊）

「企業家が宗教観を語りだした　21世紀仏教は「企業仏教」か」（『次代人』、第三通信社、1992年5月刊）

「僧真浄　時代を見据えた禅僧　坂上宗詮」（『近江を築いた人びと』上巻所収、滋賀県教育委員会、平成4年3月刊）

「大悟の証（永平寺に丹羽廉芳禅師を訪ねて）」（『湖都の文学』第24号、大津市文化祭実行委員会、平成4年10月刊）

「メディアと発禁　新たな戦前に考えること」（『石の証言』第26号、宮崎市、「平和の塔」の史実を考える会、2003年1月刊）

「著作集のある宮崎圓遵と、ない禿氏祐祥」（『鴨東通信』百号記念号、思文閣出版、2015年12月刊）〈提出題目〉

など